宇宙牖啓于：火天大有卦

大有

易經呈以100%乾天創建巽空宇宙共巽：「5%星系巽空世界」，巽空方有時間共構空間。故時、空呈確定存在于：「巽空星系運轉之中」。

易經錯了幾千年

世界唯一

六十四卦宇宙觀卦論

☲☰ 火天大有卦目錄

序

【先天八卦的由來】

〈一〉

∴「伏羲太極陰陽蘊頤圖」乃「易經先天八卦」生呈之「原始圖」，二合成一，一乃二合，陰陽合一而「內各蘊頤陰陽各一」。

《F 圖》

◎F圖：太極絪縕陰陽合一圖。

〈二〉：「絪緼太極蘊頤屯於100%之「乾天大太空間」易曰：「天空有象」，象「徵兆」：徵已呈有於空中，其數不可計，謂：「空中有象，謂為徵兆」。

〈三〉：易卦理論：「一太極」，陰陽合一且各蘊藏變渙陰陽之象，乃「太極圖陰陽合一，各蘊陰陽」：「二加二」：各蘊陰陽，而又「二合為一」遍彌「䷀乾天大太空間」，即：「絪緼牖象」曰：「元、亨、利、貞」，即濟：「萬物化醇」，于：「䷍大有卦象」，始啟變易之「法、理、道」。

〈四〉：易經原辭有誤用之錯辭，必需對照本論天象辭解釋。

第一章・序第十四卦火天大有卦

◎序第十四卦：䷍火天大有卦，乾金歸魂卦。

【易經原辭】

◎䷍大有卦卦辭（節錄易經講義）。

大有㈠，元亨㈡

〔新註〕

㈠大有：盛大豐有，所有是最大者，離居乾上，火在天上，無所不照，又以六五一陰居尊得中，五陽來應。（本義）

㈡元亨：大善而亨。（本義）

〔新譯〕

程傳序卦說：與人同者，物必歸，故受之以大有。為卦火在天上，火處高，其明及遠，萬物之眾無不照，為大有之象。又一柔居尊，眾陽並應。居尊執柔，物之所歸，由剛健文明，應天時行，故能元亨。

〔集註〕

船山易內傳：大有者，能有其眾大（中略）元亨者，始而亨也羣陽（雄）環聚，非屈為己有，而虛中柔順，以懷集之，則疑阻皆消而無不通矣，此象創業之始，以柔道通天下之志，而羣賢來歸，速於影響，始事之亨也。眾剛效美於一人，乾道大行，故有乾元亨之德。

柔可以順物情，而不能持天下之變，汎應羣有，未一所從，則其正不固也。此卦之德，王者以之屈羣雄，綏多士，致萬方之歸已，而既有之後，宰制震疊，移風易俗之事，未違及焉。君子以之孫志虛衷(中)，多聞識以廣德，而既有之餘(後)，閑邪存誠，復禮執中之功，猶有待焉。蓋下學之初幾，興王之始事也。

◎本論䷍大有卦綜合圖：

《A圖》

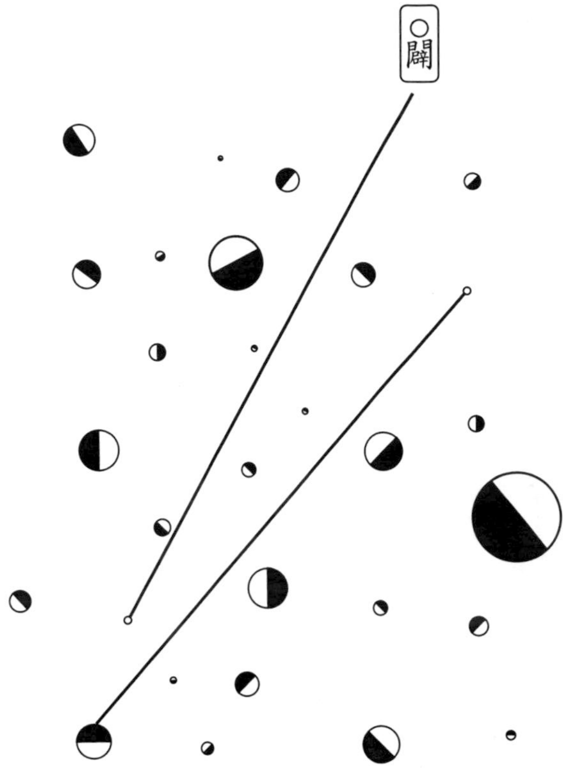

《B圖》

《C圖》

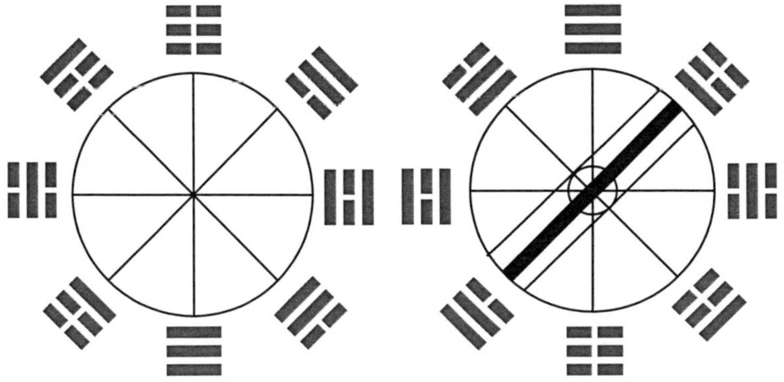

《D圖》

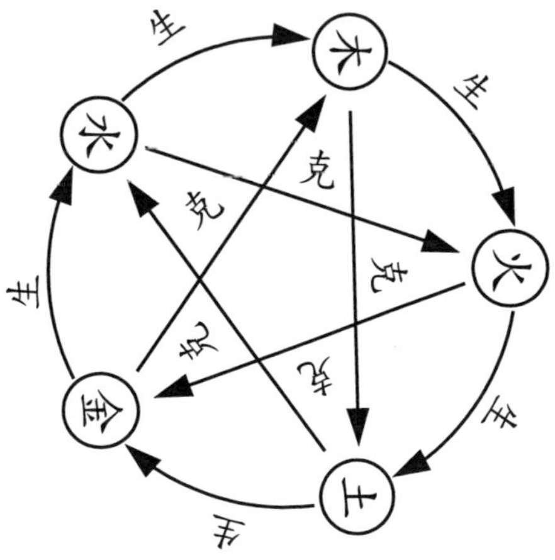

本論天象辭：以本論為準

【☲☰大有卦天象辭解】

【本論】☲☰：「大有、元、亨」

【註釋】：

☲☰火在天上，離日光明居於乾天之上，火天大有卦。

由☲☰乾天空大而有之，離卦居大有卦中象徵：「五行方有陰陽物質」元素，離火為：「高熱能源量」。

〈一〉

：☰☰乾天乃空大，大無可擬，乾天雙重，大之大天空也，居萬物之上方，為「天」象徵「日月星辰依時依序，天象運行之樞機，運行不違、四時依序、日出月落、互互不怠，中孚之象。故，用「孚」於上，運行之信也，坤「酌」於下，三才未立，仍以「陽孚、陰酌、即：陽動陰隨之意」，上卦天位：「由上而向下，曰：來」，故☰☰乾天卦由上爻向下變爻，成☱☰澤天夬卦。

〈二〉

：在乾天之上乃五行絪縕等物質元素，☱為「金」之氣，由上而來，故上九先變成☱澤金陰金為氣，乾二爻變(九五爻)成：「☲☰火天大有卦」，離火高熱之熱能量原。熱為「電之初成元氣」，五行陰陽元素，皆可因受熱產生熱核能原量，相應陰陽相摩，離火先呈現象。五行絪縕隨應皆動，故名：「大有」乃：現。成象，繼繫：「☳☰雷天大壯卦」八卦五行之氣，應熱能量：剎那隨、臨、履、咸。生呈：「☲☰大有萬象」。

涵蓋一切五行金木水火土之氣元素。剎那隨應，離火亦象徵：「電、磁」共構萬象之「有」：大有：眾也，其勢大作啓始即「大」而備全，以䷍大有卦「六五」居本卦陰居尊位統領五陰爻，一一陰陽隨臨咸應，大有卦「六五」乃䷀乾極反陰，由初變起。卦成䷫姤卦，初六上乘至六五尊位，五陰在上，初六進乘，共姤五行諸象，「逐一各呈卦象」。

䷍火天卦辭：「大有、元、亨」即濟此象：離火居乾天之上，乃萬有元素：「熱能原量」孚於乾卦天空大之上，遍及諸界象。故以：「大有、元、亨」元亨即：「創建，偉大，廣拓，瞬應十方十界」。

〔易經原辭〕

◎ ䷍ 大有彖辭（節錄易經講義）。

彖曰：大有，柔㊀得尊位，大中而上下應之，曰大有。其德剛健而文明，應乎天㊁而時行，是以元亨。

〔新註〕

㊀柔：指六五。（本義）

㊁應乎天：是順應乾的九二。（程傳）指六五應天。（本義）

〔新譯〕

彖說：什麼是大有？就是六五以柔得尊位，處在大中之道，為諸陽(羣雄)所宗仰，都來相應，這叫做大有，他的德，內剛健而外文明，六五又有虛中文明大中的德，能順應天的剛健，亦順九二的乾剛而時行，所以大善而亨了。

〔集註〕

船山易內傳：居陽之中，日大中、位尊，故上下皆應。離，謂之文明者，陰陽相錯之謂文，陰質也，陽文也，離陰中而陽外，其文外著，火日外景其象也。以文明之德，應天之剛健，時可行則行，而行皆亨矣，陽皆為之用也。

本論天象辭：以本論為準

【本論：易卦天象辭】

彖曰：大有，柔得尊位，曰：大有，其德剛健而文明，應乎天而時行，是以元亨。

【註釋】：

彖辭即是本論前述：「應乎(孚)天而時行，是以元亨」，六五是由天風姤卦初六向上乘應五陰爻(亦可謂五行絪縕元素)，彖辭：「柔得尊位」(指由初己上乘隨應至六五爻位)，大中而上下應之曰大有，其德剛健文明「文明象徵」由初六之姤向上乘應、依序：由下卦逐一應乘陽為剛健五行之元素。

每一卦皆必須依初向上乘進每一爻不同應合的每一爻皆有時空差距(已前述)，☰☴天風姤卦初六乃一陰應五陽之卦本，上乘每一爻時，皆三爻合「☲離火卦象」，故曰：文明，離卦顯現之象，即謂「光明」，亦象：文明。

〈一〉：觀初六二時空：「䷌」；進三時空：「䷉」；進四之時空：「䷈」；進五：「䷍ 大有」；進六之時空：「䷪」皆用應在於：每一卦爻陰陽相應的時空點，皆有不同等時空差，藏七再進上六即退成乾卦，再反坤卦。

〈二〉：故，宇宙星系是經由「大有卦」所前述：「A、B、C、D」等先天卦之有：「來、往」，有：「順、逆」運行法理，共構對應呈現為複合架構在：陰、陽兩極的五行合十隨應等質陰陽質別分別對應：雙重先天八卦。示現共構在有質別陰陽相應等質，必定有：「先應」與「後應」或「無應」等不同之「時空差距」。

〈三〉：伏羲先天八卦解析宇宙星系，為：有「定律的完備系統」顯示在先天六十四卦中，蓄蘊天象之理、法，依循、磁恆以大有「道、理、法」的「不易、簡易、變易六十四卦相」。

【註解】

〈一〉：「天象」：前已敘述「☲離」在火天大有卦中、離卦五行火，由複合的互給火物質共應而現應：有「光閃、亮、熱」等現象，皆是「☲火在天空之上的示現」，「䷍大有敘述天象已述」。

〈二〉：「象於人事」：離火為律典制法，下卦人位卦九二陽居陰位，居不正位。九二變爻成六二爻，上卦為律典、文書、司法官職之人事地物時，皆「官位」，離火文書傳送是送行政令故：上卦為「官」下卦為「民」，變爻在下卦中爻：「人位爻」，九二人位變爻。卦成：「䷝離火卦」，上離為「官制法典」下離卦為「卦居下卦是庶民」，上卦離火，文明之官，居六五文官職（判官、法官、司法行政官員皆隸屬）傳文書下達下卦庶民。

大有象，卦有天人地三才分列，上卦為大、下卦為小，是彼我對立的相對星象。

【卦解】：

「三分三才象」，乃皆顯示「六十四卦」有完備法、理、道，「有規矩可以探循、學習」。

先天六十四卦象，非僅顯現天象之理象，亦皆顯示「人、事、地、物、時」的「因緣際遇、等等示現」，皆可以在所占卜之卦象中，事先知之，可以不錯失機會，可依五行陰陽合十、對應、觀「變卦象」而先「豫」而不「蒙」。「人位卦」於「先天六十四卦」中，代表：人事地物時之有五行：「生」、「剋」、「制」、「化」、「合」、「比」的對應，顯示占卜示事之重點命裡一尺、難求一丈。每一個「現在」所作的

「決定」和「努力」，即濟改變「未來」之「因緣」與「因果」。故，六十四卦：䷍ 火天大有卦辭：「大有、元、亨」更涵蓄每一個生命體質之：有「分別質項」。

所有世之事，皆表顯在〔先天六十四卦中的：䷚ 山雷頤卦〕為「養頤、蘊頤、養正、正養之義」，等為人處事之「必然」、「定然」是：「複合」，沒有「巧合」，「複合曰：加倍增值」巧合是有巧過遇，其因果大有「不同等」，故「卦彖象爻辭」皆有「世間」。

䷍ 大有彖曰：大有柔得尊位，大中而上下應之，曰大有其德，剛健而文明，應乎天，而時行，是以元亨。

【解卦】：

䷍大有卦綜卦成「䷌同人卦」，同仁與焉，大有之義，綜四重卦成：「F圖」，火天大有圖示：宇宙陰陽兩極共生互互之「空間創建圖」，曰：元、亨。

〔註〕：陽極反陰，陰極反陽，反復不息，旁通互立。

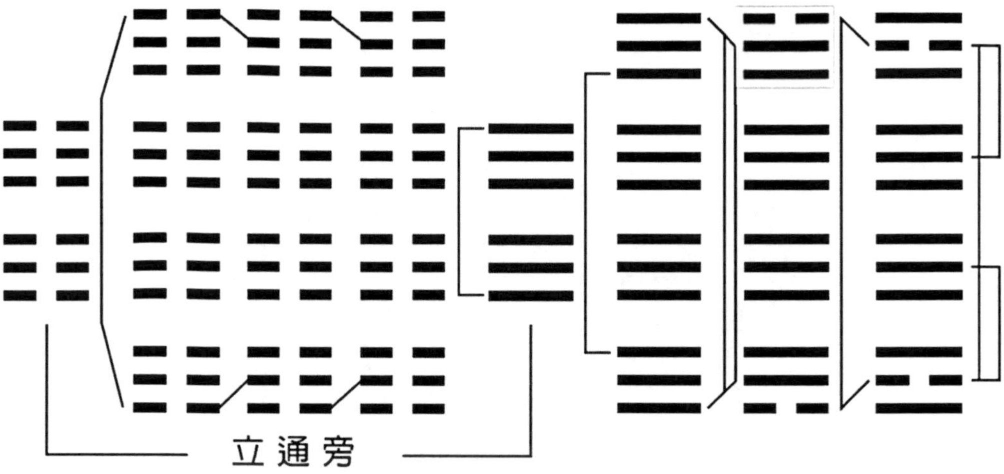

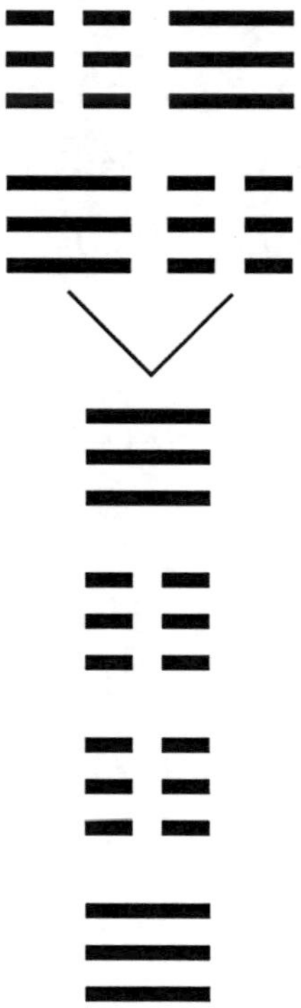

【解卦】：「F圖」

創建宇宙空間的規律象徵與履歷：「行經」、「過遇」皆有「道」的「法、理」遵循，所有一切人事地物時之如何履變，極陰陽、絪縕，由「化醇」至「交錯構精，萬物化生」，皆俱足「大有卦」：有闢闔創建生命元素之大有卦象，生生不息、周流循環，其大有質能量磁的變化甚大，及：「不可思議」例作：「過去相識你和我，今世或只擦身過，未來再見不見得」䷍大有變易也，涵括一切有生命之生靈體象，及有性命(非經由：生)，是製造的所有一切不同質別物質體(含AI機器人皆可稱有性命體，一塵一水一細胞一細菌……等等，或可經由複製之一切「象、相」皆如是理）。

◎彖曰：大有柔得尊位（此為坤母象），大中，而上下應之，曰：大有其德，剛健而文明，應乎天而時行，是以元亨，火在乾天之上，上為剛領，䷍上九提綱，六五居柔得中位，離為律法、典要。故必依循、柔得尊位。而上下皆必應之，大有其德（六五尊而柔明，曰：德。即所制定之律法典要），剛健而文明，嚴明健正，依循用剛，離卦光明，文書之象顯「應乎天」，而時行，依時代應和之「需」，應施行正用律典之法章，遂行天命，即大有九二變爻成六二，雙離火立居上卦與下卦，上官、下民。居位分辨：剛健而文明、離火性情向上，應乎天而時行，是以元亨，雙離人位皆陰互不相應。(見象辭)

【易經原辭】

◎䷍大有大象辭（節錄易經講義）。

火在天上㈠，大有。君子以遏惡揚善㈡，順天休㈢命。

〔新註〕

㈠火在天上：火高在天上，照得廣大。（本義）

㈡遏、揚（ㄜˋ）阻止，（ㄧㄤˊ）明舉。（辭典）

㈢休：美、安。（程傳）

【新譯】

火高在天上，照得廣大，照見萬物的眾多，這是大有的現象，君子觀察此現象，就要遏止眾惡，揚明善類，所以順天命而安羣生，反之自身，也是這樣。

【集註】

船山易內傳：遏之、揚之者，乾道之健也。因天之所予，而揚之：因天之所奪，而遏之，離明之昭晰也。晰也。天者，理而已矣，順理，而善惡自辦矣，火炎上附天而明，天左旋，日右轉，而隨天以升降，順天而行，則明照於下，故遏揚之，順理象焉。賞罰黜陟，王者之事，而言君子者，若孔子作春秋，行天命、天討之事，非必有位也。君子成人之美，不成人之惡，亦此道爾。

本論天象辭：以本論為準

【本論：易卦天象辭】

「☲☰大有卦」大象辭，象曰：「火在天上，大有，均咨，迤，軛輵，央，亶，順闐，宿旻」。

【辭釋】：

☲☰大有卦：

①：「☲離火」居於「☰乾天之上」☰乾天本就大太空「空有」之象．其象「無疆」。

②：☲離火本相存在于：䷀乾天之上，實則：「定位僅乃䷀乾天卦中的一小部分釀造成一星系宇宙世界的陽性能量、物質之元素遍彌」，並以萃聚於䷀乾天大太空間·諸方皆有，故曰其：大有自在，空中有象，是謂「絪緼」各有陰陽分列未應之值能量。

③：「䷍大有卦」大象辭：「火有天上，大有」，「均沓，迤軛輵（ㄜˋㄍㄜˊ），央亶（ㄧㄤ ㄉㄢˋ），順闐，宿（ㄙㄨˋ）旻」。

【釋】：「䷍」大有卦」乃「䷀」乾天大太空有間」萃彌各類「絪緼」能量物質元素．未及對應各個類萃而聚，孚成「氣團」，運循于「䷀」乾天大太空間」。

④：其「對應之時」：「䷍」大有卦」交錯「陰陽」之卦乃：「䷇」水地比卦」．六爻位之「陰」、「陽」爻皆「六爻對應」呈現：

☲ ＝ ☵

☰ ＝ ☷

◎上卦成：「䷿」火水未濟卦」。

◎下卦成：「䷋」天地否卦」。

⑤：故「四正位」乃「先：立定☰☷乾坤」，而後再立定：「☵☲」水火即濟卦」與「☷☰」地天泰卦」。

⑥：而于立定「天地之先前」已「☲火☵水相應」後有「☰天☷地乾坤」，再由「☲火☵水未濟於「乾坤立定之後」·呈現：「☵☲」水火即濟卦在上位之卦」而「☷☰」地天泰卦在下位之卦」，故「乾坤先立定一太極」而後有「即濟卦」與下兩重之：「☷☰」地天泰卦」。

程序：

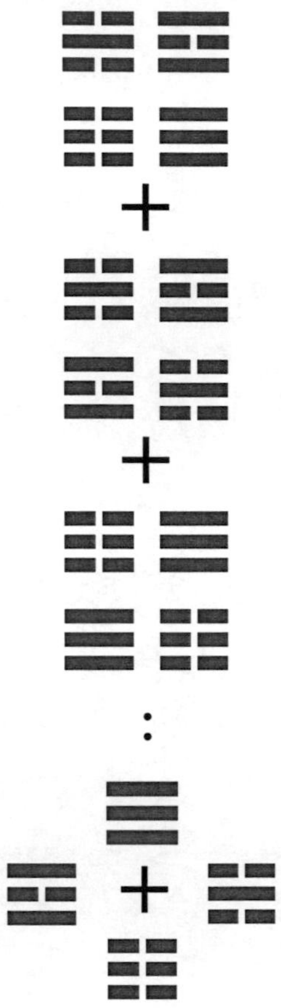

⑦：「伏羲先天六十四卦相」是由「內、外」八卦互重而成，而「先天八卦圖」啓始于：「䷍」火天大有卦」相錯成：「䷇」水地比卦」之「陰陽構精，萬物化生」立定「四正位于：䷍」火天大有卦」，再有：「䷡」雷天大壯卦立定四隅位」

亦即：「連山易圖」立定「四正位：乾、坤、火、水」而有「歸藏易圖」立定：「四隅位：澤、山、雷、巽」八卦始成于：「歸藏易圖」。⑧：故「伏羲先天八卦圖」之啓始于：「☲☰火天大有卦」有「陽☲離」、「陰☵坎」謂之：「五行絪緼」，陰陽構精，萬物化生，「八卦而小成，引而伸之，觸類而長之」。

【註】：

易繫上九章辭：「是故十有八變而成卦，四盈而成易」啓動「十方」、「十界」、「十度空間」各自運循，各有「方界」且「各有空間」，即濟「十」度空間．乃「十日」運循于：「十方」、「十界」各有「分別之周期」而「每一億年」有「十股(蠱)之革」即濟：「十日太陰曆」有「一億年一連珠現象」乃相互傳遞「生命」、「物質」於「十日世界」每一億年之〔能量、物質．所需之「場能」〕。

【註】：

此現象乃：「䷰革卦與䷑股卦」兩卦相變渙之顯現卦象，蘊伏在：「䷍火天大有卦的大象辭內。(本論述之大象辭)，已有縕藏所有象」。

⑨：「☲☰大有卦」大象辭：象曰：「火在天上，大有，均咨，迤軛輵(ㄜˋㄍㄜˊ)央亶，順闐，宿(ㄙㄨˋ)旻」。

「宿：宿(ㄙㄨˋ)歸宿」。

「旻：俱在一方界之☴巽空星系世界」。

「順闐：彼互傳遞能量物質元素」。

【註】：

「央」：乃「十日」中的「旺、盛、得」之「九」、「十八」、「九」，三期之三十六億年，「亶(ㄉㄢˇ)：信誠、厚藏」第五紀為「央(一ㄤ)」，象曰：「火在天上，大有，均咨，迤軛輵，央，亶，順闐，宿旻」。

⑩：「伏羲先天六十四卦」每一卦皆在演繹：「100%的䷀乾天創建5%巽天星系世界，而一切相」啓始于：「連山易圖」之「生」，由：「䷍大有卦之元」四正」架構「䷡大壯卦之四偶(ㄡˇ)八卦左右旋磁而生呈萬象」。「滅」于：「損」卦，歸袂卦(回歸)至：「益卦」歸藏，故：「生于：䷍大有」與「䷡大壯」，滅于：「䷨損」與「䷩益」，而此歷程即濟：「十日太陰曆」：「十日紀元之時空過遇」即：「生、成、相、旺、盛、得、休、囚、

死、盡」之：「十日紀元年」即「十日太陰曆」所行履「十日循環于：不同等時空之中的軌儀空間」為「十度空間」中仍有：「十度空間」。

【註釋】：

〈一〉：

①火在天上，大有：乃大有卦之卦象。

②均咨：衡恒往來已成的星系來回依律運行。

③迤：迤衍緜延。

④軛輵（ㄜˋ ㄍㄜˊ）：遼闊且交錯。

⑤央：中央埠軸以「亶（ㄉㄢˇ）：信誠」。

⑥駕馭「巽順」、「闐（ㄊㄧㄢˊ）：闐盈」。

⑦宿（ㄒㄧㄡˋ）：星宿。

⑧旻：旻昊即「蒼穹」：央亶（ㄉㄢˋ）軏輵（ㄜˋ ㄍㄜˊ）巽順闐盈旻昊蒼穹之星宿。

第二章・大有卦下卦爻辭

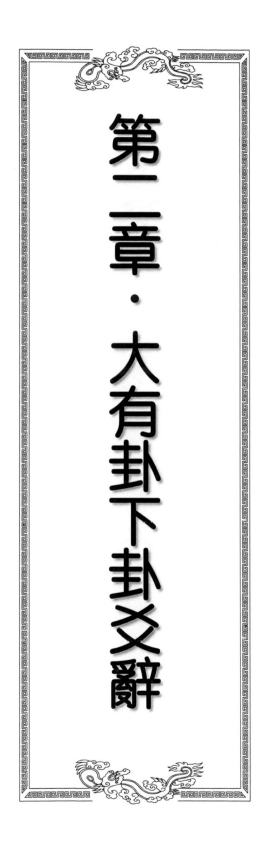

【易經原辭】

◎䷍大有初九卦爻辭（節錄易經講義）。

初九，无交害㈠，匪咎，艱㈡則无咎。象曰：大有初九，无交害也。

【新註】

㈠无交害：還未涉及到有害的。（本義）㈡艱：難（程傳）

【新譯】

陽當大有之初的時候，在下而上無應與，但不驕滿，還未到涉於害，這不是過錯。能知艱難而處之，就沒咎了。小象說：大有初九的意思，是還未涉及到有害的啊！

【集註】

船山易內傳：害謂違眾、背明、相悖而害也，匪咎，詰辭，猶言豈非咎乎，六五大明在上，虛中以統羣有，眾剛受命以定交。初獨遠處，置身深隱之地，剛傲而不上交，六五虛中延訪，非有失賢之咎，則非初九之咎，而誰咎之乎。必若伯夷、叔齊之絕周，悲歌餓困，備嘗艱苦而不恤，然後可以免咎，若嚴光倜儻傲岸自得，非艱難之時，無艱難之心，咎其免乎。

本論天象辭：以本論為準

【本論：易卦天象辭】

【䷍大有卦初九爻辭】

初九：「无交，待，斐就，堅則務就」。

象曰：「大有初九，无交，待也」。

【註釋】：

〈一〉：䷍☲火天大有卦初九，初起於陽居正位。初九初為衷，陽為動。由初向上行，居正卻上無應爻，鄰比亦无應爻。因无所應。初九爻辭曰：「無交」無陰爻可以交錯互應陰陽，呈現「孤立」正居剛正之位，無陰爻可應。此謂之：「待」。

〈二〉：☲☰ 火天大有卦之「大象辭」是以整體大有卦相，象徵宇宙星系世界，共構皆倚：「央」：為中心軸，「軛輵（ㄜˋ ㄍㄜˊ）」：駕馭大車以載，遼闊交錯的宇宙星系，且巽順闐盈「☰☰ 乾天卦」之大太空間。

先天六十四卦爻辭以創建「大車以載，有攸往，積中不敗」立定「中心太極」順闐宿旻，乃「大有卦」接繼大壯：「壯于大輿之輹」。

〈三〉：卦，「泥執則不通」唯謹慎「先天八卦圖示」之原理在陰陽必定是：

①：平衡均等正、負質等對應。

②：陽乎必定陰酌對趁。

③：先天八卦必定順逆對應變生，八卦居八方立定運行雙重，上與下則居代表：一生「闢戶象」，一滅「闔戶象」。「生」與「滅」之間亦必定是「對等、生闢、滅闔」。如：☰乾對應☷坤、☱澤對應☶艮、☲離對應☵坎、☴巽對應☳震。陰陽卦對錯立，爻對錯立。即濟：構架陰

陽在交錯中心點上，一中心點立定一太極，極周天三百六十度交易皆必定以「立定一太極」在「中心交錯：十方、十界、十度空間」亦皆如是法理。象定：「三分三才法」。

〔註〕：詳見A、B、C、D圖示。

〈四〉：孰知「六十四卦相」中有必定的「道」、「理」、「法」是「先天六十四卦象」完備的系統變易，皆有的定律和規矩，俱足：「三易法則」。

【解】：

初九：无交，待，斐就，堅則，務就。䷍火天大有卦顯示「初九」與九四无應，九二陰位居陽，亦无鄰比之應，雖无交應，「乃待」，待待：用喻在六十四卦中的任何一卦。皆必先依一卦六爻分辨五行陰陽為：彼我論，六爻即是「定位」。再觀察「爻」是否「有應」、「无應」、「正應」、「

不正應」或「鄰比應」，六爻即定，爻位的進乘定論有不同等時空之變化，大有卦初爻即无應爻，僅止於「待應」、「待應」必有「先決之條件」。

在於：待有可應的同質能量之闢建「有」之時，方有可應，「待應」時空不定，長短不一。即是大有卦為創建「卦外有卦」之可呼應，否則尚待，然初九位居正，未應可待，其質能量不衰，緣其陽居陽位，故言：「斐就」。

〈五〉：「堅」言，待應之堅則（詳觀F圖）堅則務就。

（無應則必待外應）。

象曰：「大有初九，无交，待也」言初九无應，亦是「待」也，以火天大有卦是創闢之卦，初爻无交，堅則務就。表現出創建」立定一太極」有：先、後之時空差距，即彰顯在初九无交之待，用「堅則」謂：「堅固原則」。

〔易經原辭〕

◎☲大有卦九二爻辭（節錄易經講義）。

九二，大車以載㊀，有攸往，无咎。

象曰：大車以載，積中不敗㊁也。

〔新註〕

㊀大車以載：指九二剛中與上應，能載重。（本義）材力強壯，能盛載重任。（程傳）

㈡積中不敗：重物積載於其中，而不損敗。（程傳）

〔新譯〕

九二剛中與上應，如大車，以強壯的材力，能盛載重物，可以任重行遠，安往而沒咎。小象說：如大車，材力強壯，能盛載重任而行遠，乃重物積載於其中，而不損敗，是可託重任之意。

〔集註〕

船山易內傳：九二，剛而居中，為羣陽之所附託，皆惟其載之而行，才富望隆，歸之者眾，有與五分權之象，疑有咎矣，然上應六五，不居之以為已有，而往以輸之於五，則迹雖專而行順，不得

以逼上，擅權章眾，歸已而咎之，誠信之輸於五者，誠信之輸於五者，積於中，則持盈而物莫能傷。（後略）

本論天象辭：以本論為準

【本論：易卦天象辭】

【䷍大有卦九二爻辭】

九二：「大車以載，有攸往，務就」。

象曰：「大車以載，積中不敗治」。

【註釋】：

䷍火天大有卦，乃陰陽立定一太極，爾后重兩共構呈現：「大有」之顯現，九二爻辭即濟此象徵。壹：為「單」、貳：為「重」、參：為「和」、肆、伍、陸同：「壹貳參」，六爻乃兩單卦相重，行：「生、成、相、旺等時空履歷」，七為「休」，八為「囚」，九為「極」(極：死、寂)，十為「盡」(盡即是「滅」)，故先天八卦以九為「極數」，十為「盡數」，「極、盡」即濟：「寂、滅」。

〔註〕：風水渙卦有詳解時空履歷行程渙算象法，極數為大、尊位九五用極。一單卦有三爻：「無三不成卦」二重卦有「六爻」，六為「陰數」，亦是卦象中「陽爻用九」、「陰爻用六」，卦象六爻有時空之行經和過

遇，皆有「六十四卦象」的各有陰陽能量「綜合比」，總稱：「複合體相(象)」。眾：多也。

即就是：「䷍火天大有」，八方卦位，以「上下」與「左右」和呈「交錯」，即是：「乾對應坤」，「離對應坎」先由一個點直對相應另一個點的「直線無障礙穿越」對等相應陰陽的「卦對卦」、「爻對爻」的交應立定在「一直線上」，左右「離對應坎」陰陽對等交應立定在「一左右線上」。「上應下」重「左應右」交錯立定一太極，乃「中心點」，其「質能量原有交錯上下，左右的最大能量場」簡稱：「磁場元氣」。

◎以「四」用「一」：四點呈兩線，立定于「中心立定點」，成立：「四個九十度角」變渙于三百六十度之規矩。☰☷☲☵乾坤離坎之質能量原元氣磁場即已呈現，然尚未完成「整體架構」。

【解】：

䷍火天大有「九二爻」天象示現：「大車以載，有攸往，務就」，象曰：大車以載。積中不敗也。

〈一〉〔天象〕：乾交于坤，離交于坎。已由兩極交構形成：「四象」，中心「軸」即已立定。猶如「大車」之輪軸確定「☰乾三連、☷坤六斷」、「☲離中虛、☵坎中滿」，即濟「䷻節卦」兩卦中爻皆：剛且健，榫卯準節。

〈二〉：此即象顯本卦：䷍大有卦之九二中位為「榫（ㄙㄨㄣˇ）：筍」：製木器時，為使兩材接合，特作削成可以插入卯眼的部分，稱為「榫頭」：凸突、孚之象也「卯(ㄇㄠˇ)：點」，點：名叫「卯點」。應，名曰：「卯應」，象：「凹穴，酌：度量之器」，榫(ㄙㄨㄣˇ)陽孚信實。卯(ㄇㄠˇ)陰酌量卯應。故曰：「乾陽孚于上，坤陰酌於下」，曰：「陰陽相趁」，「彡」旁通，彡左右結構。

〈三〉：乾坤離坎四象交錯立定「中位」，乃「榫」卯，陰陽孚酌於「䷍六五應九二，兩爻居中位互應」象徵：大車輪之中軸已榫卯定立，曰：「大車以載，有攸往務就」。

〔註〕：

(☲☰火天卦九二變爻成☲☲離卦象)合：四三二爻，象呈：☴巽卦象，象徵巽風乃為：「出入」可以象，☴巽錯卦成☳卦。以〔大車以載〕可以出入，有攸往，務就。然：大有卦成四象，☳雷、☴巽之「動、旋尚未成形，雷、巽成在：☳☰雷天大壯卦接繫繼☳☰之後，呈顯出「四象生八卦」共構顯現出：「八卦立定一太極」同「和」牽引五行相生、相剋等等質能量的磁、熱元氣場。曰：中心立定一太極。乃「陰陽交應、上下、左右交錯共構一中心原磁量場」，大有卦僅交錯立定中心一太極。大壯繫繼在後來、往之時空。大有利呈：「

四象」，大車輪軸榫卯即定，雷巽澤艮繼繫在：☳☰雷天大壯卦。

〈四〉：象曰「大車以載、積中不敗也」。

〔初九尚未應呈，上九亦是〕

〔註〕：

人事地物時已前述變爻中解釋過：「上官下民」的彖辭，彖曰：大有，柔得尊位。大中，而上下應之。曰：大有其德，剛健而文明，應乎天而時行，是以元亨，觀前述彖辭即是，大有卦乃立定兩極生四象，立定一太極，大車以載，有攸往，務就，磁應「大壯（撞）」生呈在：「☳雷☴風」兩卦交易於：「雷電巽旋」八卦十方、十界、十度空間，剎那對應於「有先有後」，順逆與斥合終相「有應」、「象應」、「應象繁多」是謂「大有」。

〔見下圖G圖示〕：和：平也。衡：恒也。

◎大有體象是由：同異、對合、榫卯輪軸即定。象曰：「大車以載、積中不敗也」構合榫卯現象曰：「大有」斥、合、交錯「和」為大有卦象，即：「三和共構體相」。

〔下圖G圖：立定四正位〕。

《G圖：立定四正位》

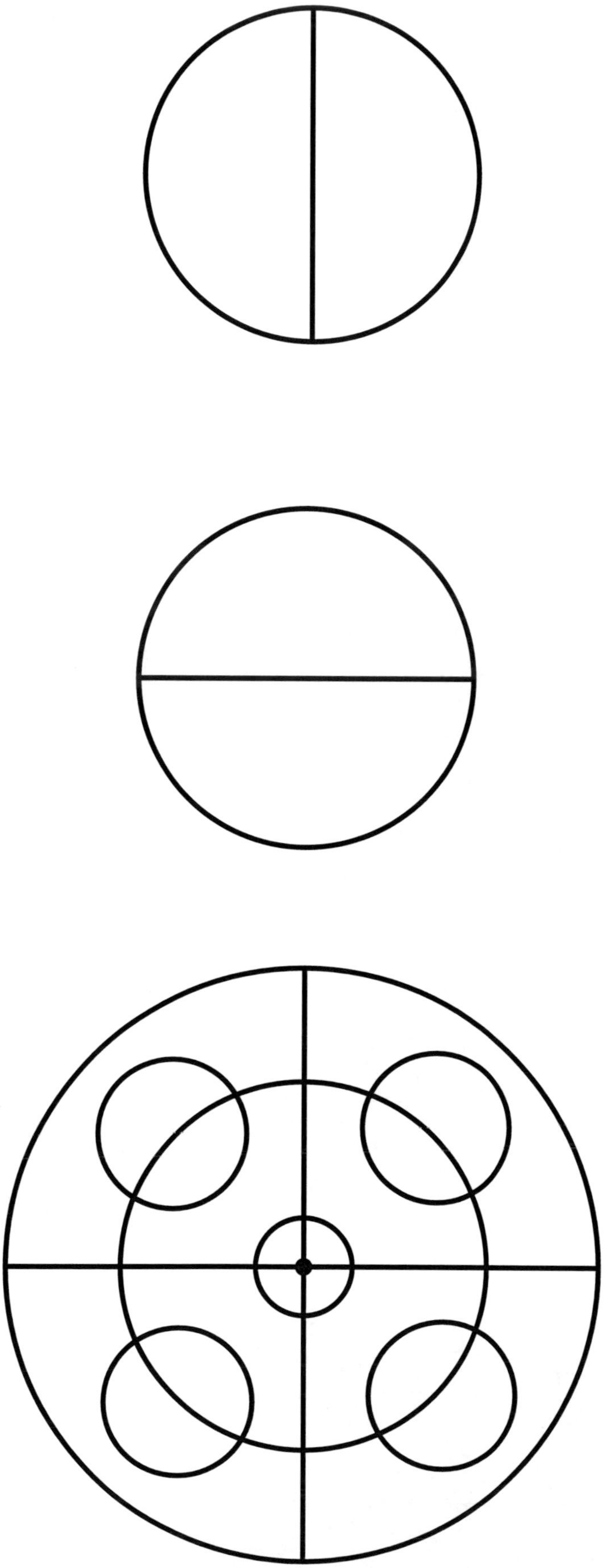

◎象曰：「大車以載，積中不敗也」顯示九二爻陽剛且健，上應五六尊位，如榫卯的精準無誤般，可以信任榫卯定輪軸無誤差且剛健可以「大車載而有攸往利、務就」。

〔註〕：

大車此作出入交易之大車，上卦：「☲離火」，君上：主上卦，臣民車馬居用者皆隸屬於下卦，六五、九二「主」以柔順而「使」以剛健，離卦象文明章典，柔而有序，下卦乾剛，火天大有是有以柔之剛健文明居上卦為大、九二應之，與也，「其柔與剛」，「六五應九二之大車榫卯立定」，有攸往、務就。

䷍火天大有卦，依五行上卦離火剋下卦乾金、火剋金。金陽曰：「乾金」象於人事之原金、必將由離火之焠鍊呈可用之澤金，乃可成大器，此大有卦上卦離火之剋下卦乾之原金，乃：「由剋化生之現象」火焠金用剋嚴謹，制化成「人造」可用的「人造金器」。以化作「大車以主軸輪。便利交通、交易之出入得宜」前已述詳。

卦象在論斷卦爻辭，必定要「掌握其五行：生剋制化合比」等六大主要「用宜於善知其五行生或剋，制或化、合或比」等重點來解釋：人事地物時之「一卦六爻的：行履歷曆」。

先天六十四卦即卜占卦示：定六爻位成一卦，就是本占一卦：「六爻定數」，三四中位謂：「人位卦」、「人為因素」乃卦的變數。

【易經原辭】（需對照本論辭）。

◎ ䷍ 大有卦九三爻辭（節錄易經講義）。

九三，公用亨㊀于天子，小人弗克㊁。象曰：公用亨于天子，小人害也。

【新註】

㊀亨：春秋傳作享，朝獻的意思，古時亨、煮、享通用。（本意）

㊁：小人弗克：小人無剛正的德，不能當。（本意）小人專有其富，不知公以奉上。（程傳）

【新譯】

九三剛正，在下而居人上，能公以奉上，但小人無剛正的德，不能當，因小人專有其富，不知公以奉上之故。小象說：公以奉上的德，若小人當之，只專私有其富，所以有害。

【集註】

船山易內傳九三居內卦之上，為三陽之統率，而三為進爻，率所有之大，以進於上，公領其方之小侯，其貢篚（ㄈㄟˇ）以獻天子之象也，乾健而陽富。席盛滿之勢，以上奉柔弱之主，自非恪守侯度之君子，必且專司自植，故言小人弗克，以戒五之慎於任人。小人處此，則尾大不掉，天子諸侯，交受其害矣。

本論天象辭：以本論為準

【本論：易卦天象辭】

【☲☰大有卦九三爻辭】

九三：「公用，亨，亨于天咨，校任孚恪」。

象曰：「公用，亨于天咨，校任概治」。

【本論】

☲☰火天大有卦，九三：「公用，亨于天，咨，校任，概治」。

【註釋】：

〈一〉：

①：「公用」：蒼穹昊天創建各大星系，於「大車以載，有攸往，務就」。應「九二」象曰：「大車以載，積中不敗也」。

〔註〕：九二爻辭概括在「☲☰大有卦」下四爻「☰☰乾天大太空中」有「大車」喻「大車有：中心軸轂共用于大亨☰☰乾天卦中」，故曰：「公用」。

②：「亨于天」：通暢行履于「☰☰乾天大宇宙空間運轉」。

〈二〉：

①：「咨」ㄗ：來往。曰：逶迤往來不間斷。

②：「校任」校：校調星系運行軌道，依照時空過遇反覆運轉，「校任孚恪」：孚：信誠，「恪」：恪遵軌儀。

◎象曰：公用，亨于天，「咨」，「校任概治」：「校任」，「概治」：「概（ㄍㄞˋ）」：全部概括「治（ㄧㄝˇ）」：造就「亨于天，咨」。

【釋】：

九三爻已示現「䷀乾天下四爻」，已由「物質能量對應絪縕構精」，呈現「宇宙中心立極運循軸轂」，公用，亨于天。咨行往、來，信誠恪守，校調于宇宙時空中循環整體概括全部星系之運轉造就「先天六十四卦相」規矩圖之「周流往復」于「宇宙第四度☳震卦可覿的時空循序」，「咨」：往復。

◎九三：「公用，亨于天，咨，校荏，孚恪」。

象曰：「公用，亨于天，咨，校任概治」。

第三章・大有卦上卦爻辭

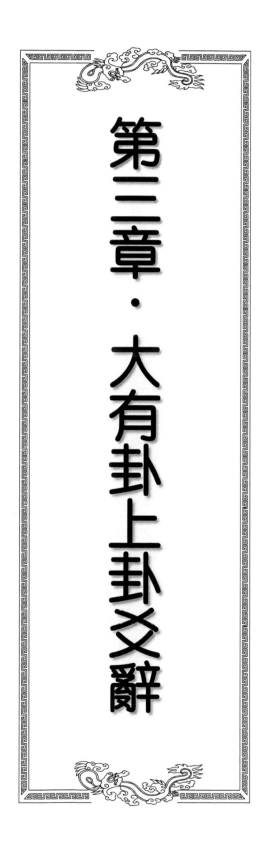

【易經原辭】

◎☲☰大有卦九四爻辭（節錄易經講義）。

九四，匪其彭㊀，无咎。象曰：匪其彭无咎，明辨晳㊁也。

〔新註〕

㊀彭：彭字音不詳，程傳說示盛多的樣子。（本義）彭，讀旁，廣亞訓為盛為多。

㊁晳（ㄒㄧ）：明的樣子。（本義）明智。（程傳）

【新譯】

九四的陽剛，過中近五，這處大有的時候，不要太過於盛多，能謙損，就無過錯。小象說：能謙損，不處其太盛，沒咎。是賢智的人能明辨得清楚，切勿使滿極。

【集註】

船山易內傳：彭，許慎說鼓聲也。鼓聲所以集眾而進之，四陽連類，四居其上，而與內卦相接，疑於眾將歸已，乃其引羣陽而升者，將與之進奉六五，而使之富，非號召眾剛使戴已也，故雖不當位而無咎。

本論天象辭：以本論為準

【本論：易卦天象辭】

「䷍ 大有卦」九四：「斐，輯朋，務就」。

象曰：「斐輯朋，務就，明辨，晳也」。

【註釋】：

〈一〉：

①：九四：「斐」：文采美麗。

②：「輯（ㄐㄧˊ）」輯睦：輯聚、和睦，收斂且不逾矩。

「朋」朋碩：輯睦且朋碩。喻：「碩大」

③：「務就」：務必需依循此「輯睦」範圍。共斐

「亨于天」之「概治」。

〈二〉

象曰：「斐，輯朋，務就，明辨晳也」：喻各大星系極至小星系。皆有：「由大」，「至小」的編輯明晳可辨別的各自軌範。

【釋卦】：

〈一〉：「☲☰大有卦」下四爻合呈：「☰☰乾天大太空有宇宙星系世界，輯睦，朋斐，且共就其範」。

〈二〉：「☲☰大有卦」下四爻「☰☰乾天卦」至剛至健，「地位卦☰☰乾天卦」行履☰☰乾天闢創至極「地位卦之上九爻：陽極反陰」乃「卦象學不悖的理法之道」「☲☰大有」人位卦：「☱☰夬卦」：夬決（ㄍㄨㄞˋ ㄐㄩㄝˊ）：決處之相。天位卦：「☲☱火澤睽」由下往上行履人位卦「☰☰乾之闢建」已極必反。

〈三〉：易繫上十一章：「是故，闔戶，謂之坤，闢戶，謂之乾，一闔、一闢，謂之變。往來不窮謂之通，見乃謂之象，形乃謂之器，制而用之，謂之法，利用出入謂之伸，『旻，咸用之』。

〈四〉：乾卦剛健為「闢」、坤卦陰柔為「闔」，闔而形「闔」，乃「陰陽對應天地之交，極其數，遂定天下之象」。

〈五〉：由「人位 ䷀ 乾天卦六爻極返陰」晉於「人位 ䷪ 澤天夬卦」與「天位 ䷥ 火澤睽卦」，行履「三才卦位」之有「闢、闔」之「陽極反陰」乃「四十一法要」中的「生滅六相八法」，「十朋之歸弗克達」于「十盡數」，曰：「歸藏易」〔詳見「損」「益」兩卦〕。

〔易經原辭〕

◎䷍大有卦六五爻辭（節錄易經講義）。

六五，厥㊀孚交如，威如㊁，吉。象曰：厥孚交如，信以發志㊂也。

〔新註〕

㊀厥（ㄐㄩㄝˊ）：其，他的。

㊁威如：有威嚴使不敢侵犯。（程傳）

㊂信以發志：一人的信誠，足以感發上下的心志。（本義）

〔新譯〕

六五當大有，執柔守中，上下誠信相交，既以柔和孚信接于下，眾志悅從，又有威嚴使之有畏，善處有，故吉。小象說：真誠相交與待下，這一誠信，足以感發上下的心志。

〔集註〕

船山易內傳：（前略）信，陰德也。故易每於陰言信焉。虛中柔順，乃能篤信於人而不二，其於物多疑者，必其有成見，以實其中，而剛於自任者也。六五孤陰處尊位，撫有眾陽而不猜，其信至矣。發志，謂感發眾志，而使歸已。易，和易近人，無備，不防其僭逼也。創業之始，感人心以和易，而久安長治之道，必建威以消萌，大有之所未逮，故不足於利貞，而又以威如乃吉戒之。

本論天象辭：以本論為準

【本論：易卦天象辭】

「䷍大有卦」六五：「較、縛、徼挐、逶挐、輯」。

象曰：「較伏，徼挐，巽迤法秩，逶挐致輯，弋邇，无悖治」。

【註釋】：

〈一〉六五：【厥、孚、交、如】，【較、縛、徼、挐】

①：厥。改「較」（ㄐㄩㄝˊ亦音ㄐㄧㄠˋ）：競爭，獵較，較獲（ㄐㄩㄝˊ ㄏㄨㄛˋ）。

②：孚，改「縛」（ㄈㄨˊ）：束縛住，史其无法脫逃。
③：交，改「徼」（ㄐㄧㄠ亦音ㄧㄠ）遮捕：全面範圍之內
緝捕。曰：「徼」：遮捕。
④：如，改「挐」（ㄖㄨˊ）即：（拿：拘捕）。

〈二〉：【威、如、吉】【逶、挐、緝】
①：威。改「逶」（ㄨㄟ）：逶迤（ㄨㄟ ㄧˊ）：逶迤：緜延長遠。
②：如。改「挐」：「逶挐」。
③：吉。改「極」：極盡即濟崩毀。

◎六五：「較（ㄐㄩㄝˊ）：獵較」縛，徼挐，逶挐，極
【註】：極：九極，反。

【象曰】：

①：較。伏（ㄈㄨˊ）：蘊藏。

②：徼拏：遮捕、拘拿。

③：「信以發志」改：「巽迻法（ㄈㄚˇ）秩」。

法（ㄈㄚˇ）：有固定模式與制度。曰：「巽迻法秩」，

「巽：巽旋、遜從」。

④：「威如之吉」改：「逶拏致輯」。

⑤：「易而无備也」改：「弋（ㄧˋ）：獲取「而」：

改「邇（ㄦˇ）」：接近「无備也」改：「无悖治」。

〔釋〕：

「䷍大有卦」地位卦「䷀乾卦」已剛強創構闢成一宇宙世界。晉極陽反陰時。已曆歷先天六十四卦由「上䷀乾卦」履歷至下「䷁坤卦」卦相，再履「䷁下坤卦」由「䷗復卦」行履向上行至「六十四卦規圖之上䷀乾卦」為：「一周天」故，上九爻辭：「自天右之」乃顯示：「宇宙大小星系皆于此循環往復」。

〔易經原辭〕

◎ ䷍ 大有卦上九爻辭（節錄易經講義）。

上九，自天祐之㊀，吉无不利。象曰：大有上吉，自天祐也。

〔新註〕

㊀自天祐之：行順天理，而獲得天助。（程傳）

〔新譯〕

上九的陽剛，已到大有的極峯，但自謙退，不拘其有，凡所行都順天理，這樣自然獲得添助，吉祥福慶，沒有不利的。小象說：

大有上九，為什麼會吉？是由所其為，順天合道，所以天祐助他，自助天助之義。

〔集註〕

船山易內傳：此爻之辭，又別一義例，所以贊六五之德至而受福也。天即指上，而言上九在五上，而五能有之，自天祐也，其義繫傳備矣。吉以居言，無不利以行言。大有而能有在上之陽，則不特人助之，而天亦祐之矣。

本論天象辭：以本論為準

【本論：易卦天象辭】

「䷍大有卦」上九：「自天右之，輯（輯睦）无不利」，象曰：「大有，上，輯，自天右治」。

【註釋】：

〈一〉：䷍大有卦，上九終爻，為陽爻，提綱有力，可以提領全。卦，上九乃䷍大有卦上卦的「天位」，陽剛提綱終卦，繫繼「䷡大壯卦」大壯「繼繫」

之。上九爻辭：「上九，自天右之，輯（輯睦），无不利」象曰：「大有，上世輯，自天右治」。

〔解〕：

〈一〉：䷍火天大有卦上九終爻，行六至終提綱，六五變爻為「䷀乾天卦」。乾天空為「太空巽大空象」，上乾天以上尚有天，下乾天以下亦有天，如下圖：H圖。

《H圖》

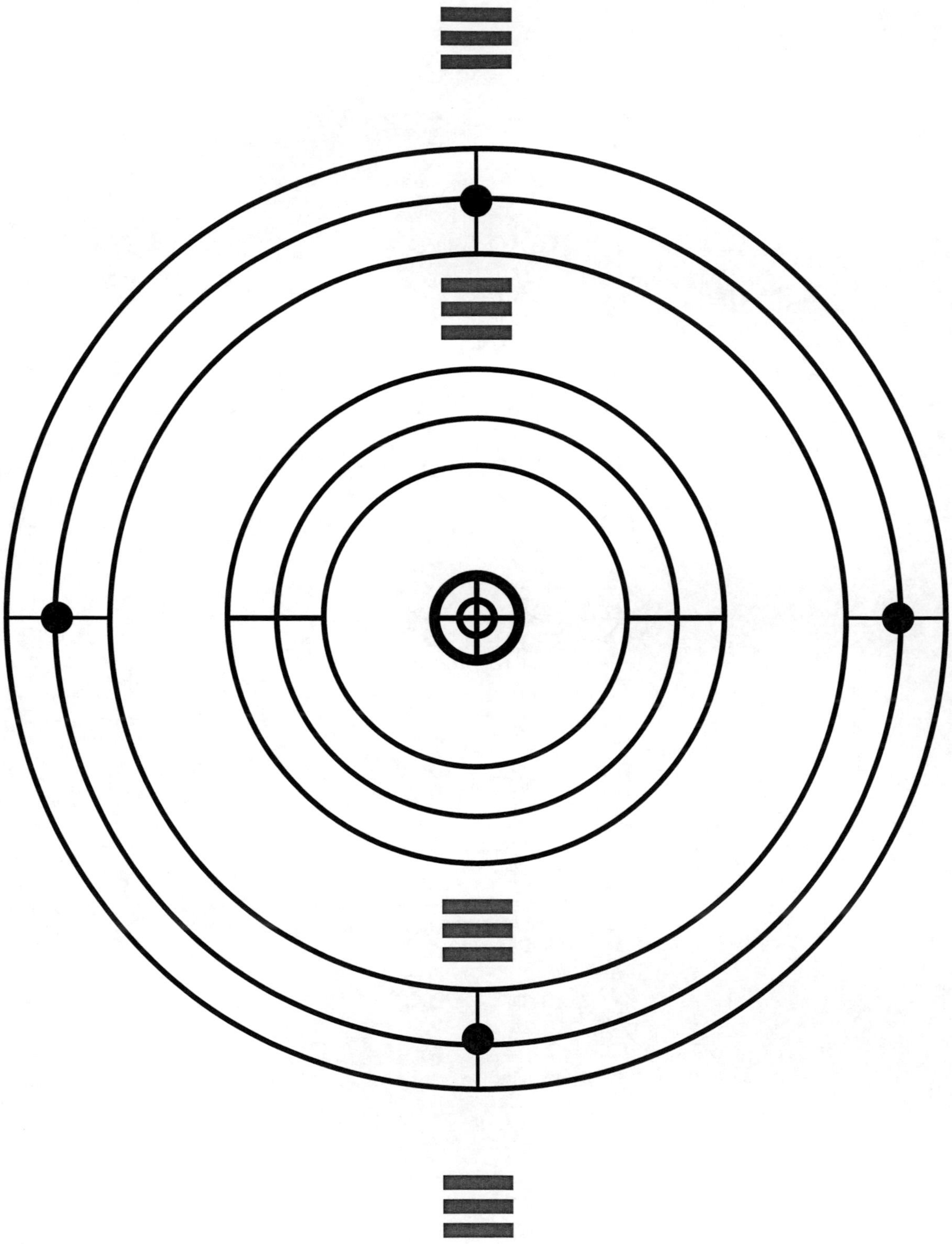

〔註〕：六五變爻成「乾天卦。乃內圈兩重乾卦」，上乾與下乾的：「中心立定一太極」。

〈二〉：「自天右之」：倚「先天六十四卦相規矩圓圖」䷀乾天在「上位」，向右旋轉運行至「下䷁坤卦」為「宇宙初始造化萬物」，「歸藏之相」，再由「䷗復卦」循環生生之謂「易」，「䷍大有卦」創建：「大車以載，積中不敗」創建「太極中心立極軸輹」，立定：「上乾、中軸、下坤」，「左、中軸、右坎」為「先天八卦圖」之「四正卦」。

〈三〉：「自天右之」：自「☰乾天卦」向「右」旋轉，「六五」當應「九二」，「大車以載」軸輹立定四極，自天右之，輯无不利，「輯睦」：輯聚、和睦、收斂、不逾矩。

〈四〉：「斐，輯朋，明，辨，晢也」，「九三」正位。「九四」陰位居陽，居于「上卦」，「九三」與「上九」皆同是上卦天位與下卦天位，呈現「天上有天」（即H圖示）下卦「☰☰乾卦」三陽已極，故「九三」居下☰乾卦上位。陽極反陰。退居于右位。呈現「六五、九四、六三

〔陽極反陰〕三爻成「右坎」〔由下向上日往，來乃由上向下〕。

〈五〉：上九終爻「☲離火」本在下卦☰乾天之上，為「☲」離火卦，上☲離居左〔下卦九三變爻反陰爻，五四三爻成右☵坎卦、下☵坎居右〕，呈現「☰乾孚、坤酌。左離、右坎」四正卦位。

◎〔對照H圖〕：呈現四正位。

〈六〉

：立定太極而成象，太極立定，分立「陰陽」。左右立定上下，交錯，上大下小是卦的倫常，本卦䷍火天，下乾極陽反陰呈現「☷坤卦象」，四卦對應于交錯「立定太極中心點上」呈現下圖「N圖示」

《N圖》

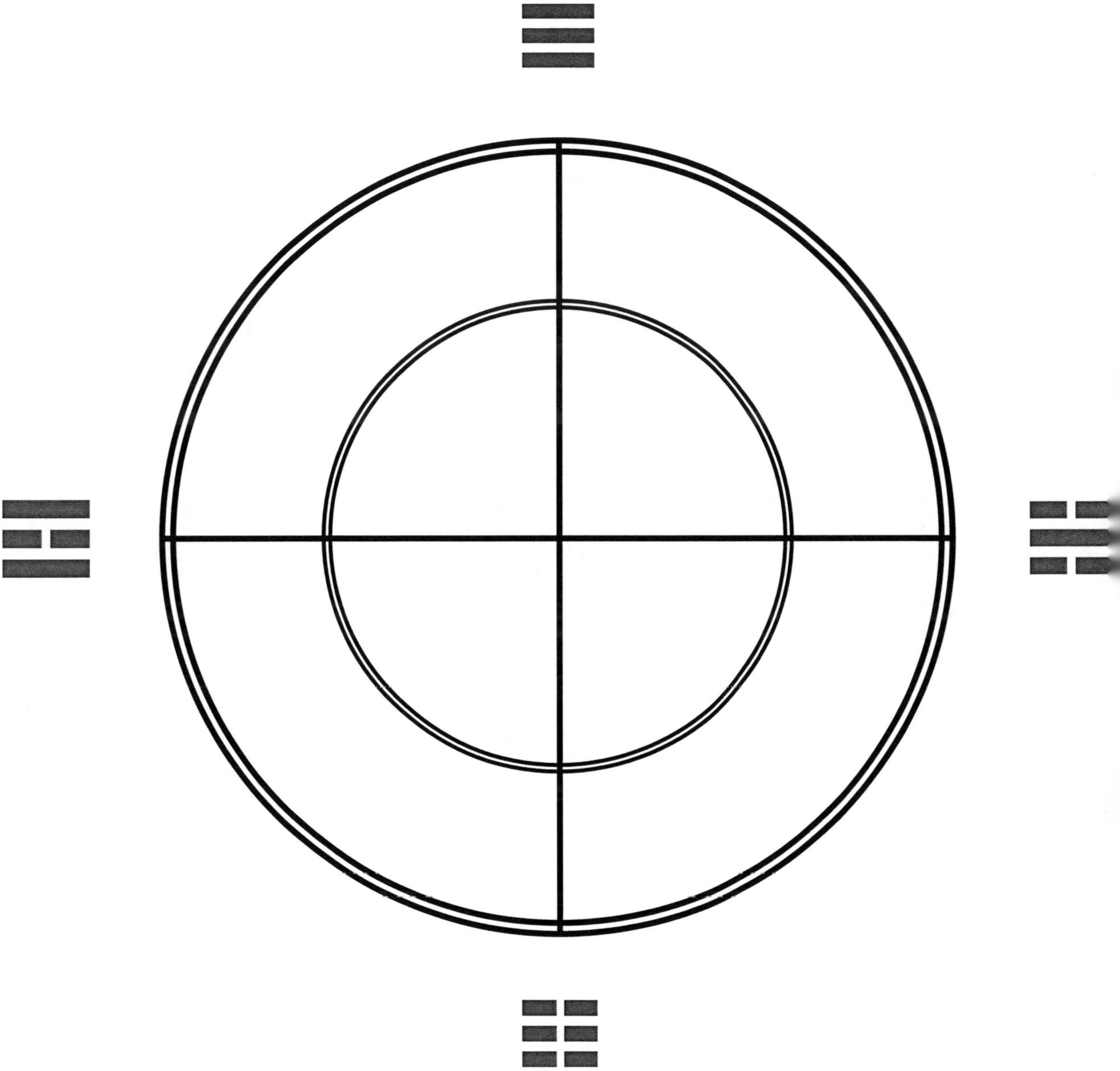

〔象曰〕：

大有上輯，自天右治繫繼卦為「雷天大壯卦」先天八卦定位方成。繫繼「䷡」大壯卦。

【註釋】：N圖詳參前述「F圖」陰陽互易兩極必反的原理。

〈七〉：䷡大壯卦九三：「校任用壯」九四：「壯于大輿之輹」，六五：「䷡喪陽于弋」（弋：獲得四隅之位曰：喪陽位）上六：「埠能兌，埠能遂，埠，詳治，堅輒輯，轇埠，常治」即「屯卦六二：範常治。」範：規矩、模型，「常」：亦「長」：常：恒常。

〈八〉：「☲☰ 大有卦」，即濟「宇宙生生之謂易」

即「空有」「空中有生命、物質能量元素」，「真空亦有」：【俱足自在「空有」中，有微量能量元素，曰：「絪緼之氣」】。

〈九〉：「空有」，「真空亦有」，並非「無」。

〈十〉：「空」是「有」而不是「無」。

「空有」即是：「☲☰ 火天大有卦」。

【本論】

「䷍大有卦」於「䷀乾天大太空間」立定：「中心太極立定點」立呈「上中下」對應「上」、「中」、「下」三點定軸。立定「中軸」，和應「左中右」成立「中心太極立定四正方位」呈現「連山易圖」之衡磁架構圖，即「四正圖」。

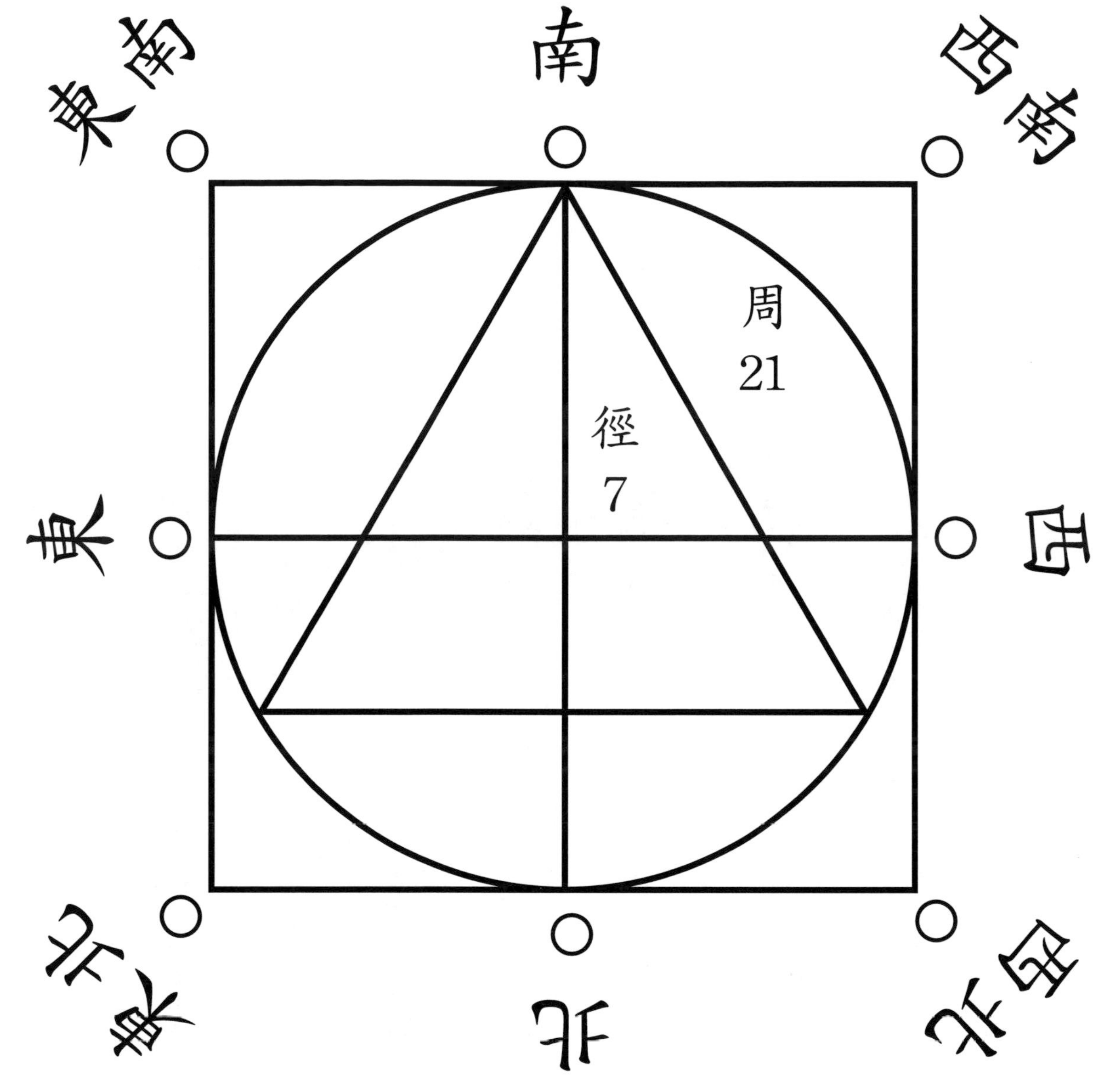

連山用七用八圖（夏代）

〔解釋論〕：

〈一〉：絪縕化醇。各居其方。曰：「有十方」各自精純，分列「十方」。因緣其五行金、木、水、火、土等原氣在：☰乾天空巽中，隨意而動，五氣隨動，動乃聚小畜漸至「大畜」故而「隨動」其象為：

(1)：物以同類相聚，五行原素能量有：「陰與陽的：同而異、異而同，兩極分辨」五行金、木、水、火、土，陰陽合而：「成數為：十」然，水與火皆為：「水蒸氣（陰之水）」、「火之有熱能原量」。

曰：「熱氣（陰之火）」兩氣呈現在不同方位，氣謂之：「元氣」，即濟：「原氣」共構成：「十方」各居：「十界」（界：有諸多有所限定的範圍之各有其功能），故有：

①：境界

②：邊界

③：界限：指區別分界，指某一界域內的範圍。

④：因有『邊、境、分、別、限、域』致緣於此：

界域需各分別其「居性同類聚的範圍」☲ 火之原能量各居，于 ☰ 天空之上，各依居性，輕孚於上曰陽，濁於下曰陰，形成大畜之『大有』象，陰陽分列成形，五行質別，各据天空界域而各自立定一太極，各居其物聚之同類域界，僅奠定陰陽太極，五行之氣尚未動應☲之原能量的「五行元素」，「陰、陽」各皆「立定」各居其界域，於「☰乾天空中」，隨動而互應：「○陰」、「一陽」相應（詳見䷀乾卦：分、合，陰陽之主論）由一而各為二（即濟：立定陰陽一太極），而又生「一」三和成一單位卦。曰：「無三不成卦」。

十方諸界相應陰陽兩氣，相交互成，乾、坤始變。

見下圖：【A圖：䷍火離五行元素，五行陰陽立定，太極皆立☰乾天空大。五行陰陽氣動。始起於「☲☰大有卦」的「A圖」。

◎十方諸界皆立定太極，大有相互生成，各宇宙世界始啓于立定，各自有上下。

《A圖》

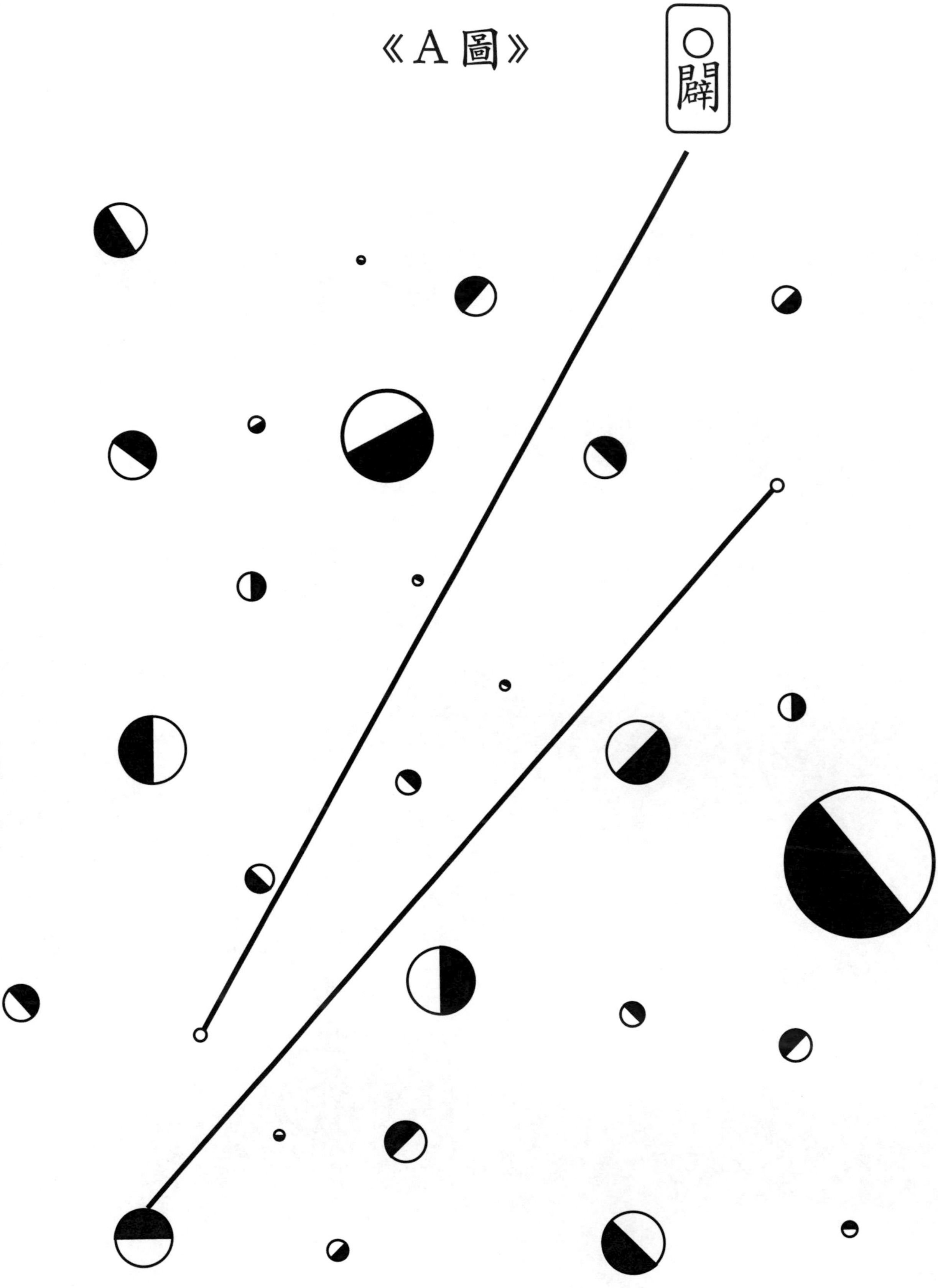

〈二〉

：十方諸界「太極陰陽乾坤立定」，隨臨履咸應，陰陽媾（姤）變，☰乾陽由孚上而來，上九爻變起：一變成「☱澤卦」、二變成：「☲離卦」、三變成：「☴巽卦」曰：「來之變」，坤陰由下酌而往，一變初爻起程：「☶艮卦」、二變成：「☵坎卦」三變成：「☳震卦」，坤陰「酌（濁）於下」由初往上變：曰：往，乾陽「孚（ㄈㄡ）於上」由上向下變，八卦由：「乾坤變應而立定八卦體相」。

〔下圖B〕：先天八卦：來、往圖示：

◎「三」極反陰陽，「雷」、「巽」易位而立「交易陰陽」。

啟動「震」、「巽」互旋。

《B圖》

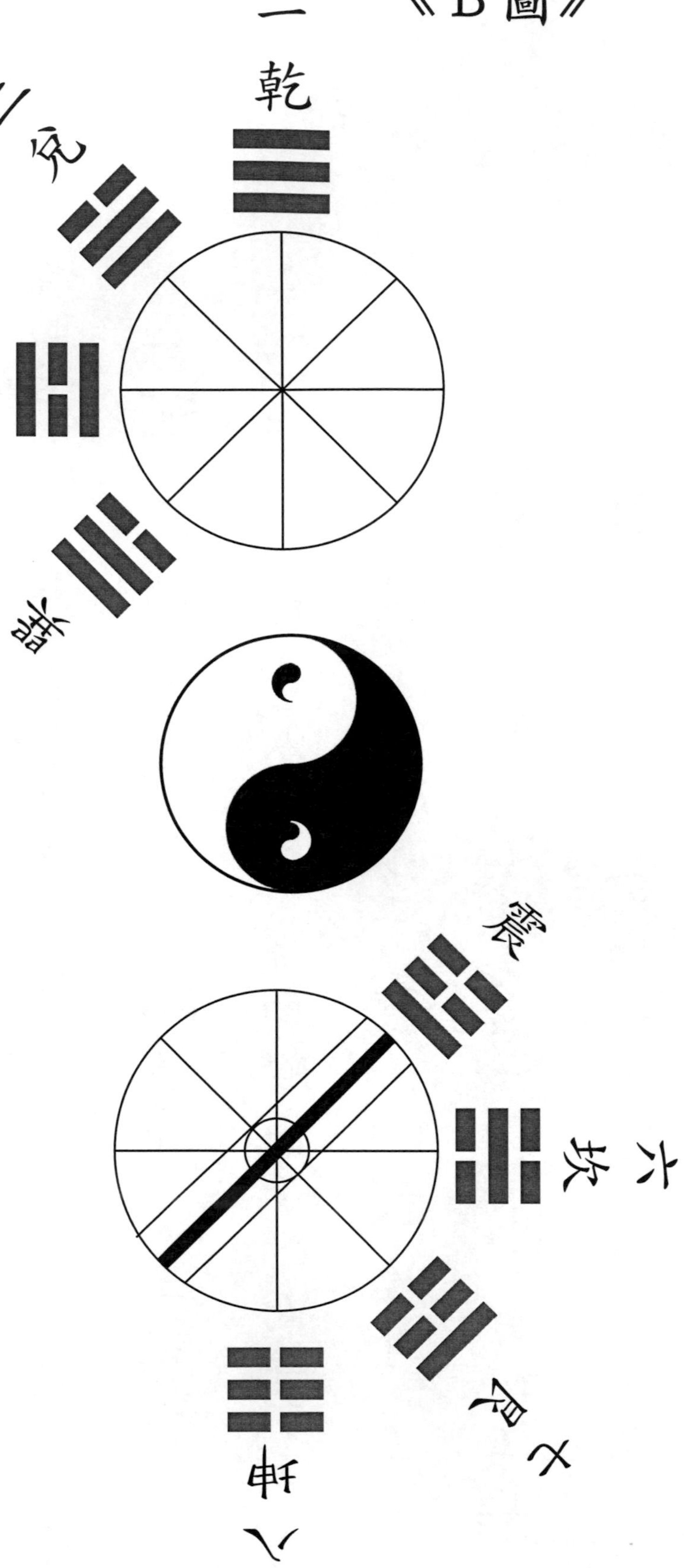

【註釋】：

五行陰陽方啓臨履成應，☰卦上陽由上而向下來，☷坤在下，向上應承，上來、下往，相應每卦三爻三互應陰陽交錯。

◎〔先天八卦立象〕：陰陽十方諸界，得應五行先成立定一太極者「正應交錯對應相感」。

【註釋】：

五行陰陽正等質量有「正應」則「即應」，曰：「陰陽交錯對應」尚未對應而未應者，則「當應臨履承姤則應」共構成：「☲☷晉進卦象」☲☰火天大有卦，離為五行合十原能量元素，乾卦在內卦為陽，由上而向下。曰：「來」。☲☷火地晉卦。(兩卦是：「☰←來」、「☷→往」陽來、陰往。乾陽來、坤陰往。交姤在「人位」)(兩卦乾坤來往象)。

〔註〕：上述「B圖」即濟「交錯在☴巽順承，而☳雷動乘」。

〔註〕：先天八卦來往互互陰陽交錯互易立位圖：

《C圖》

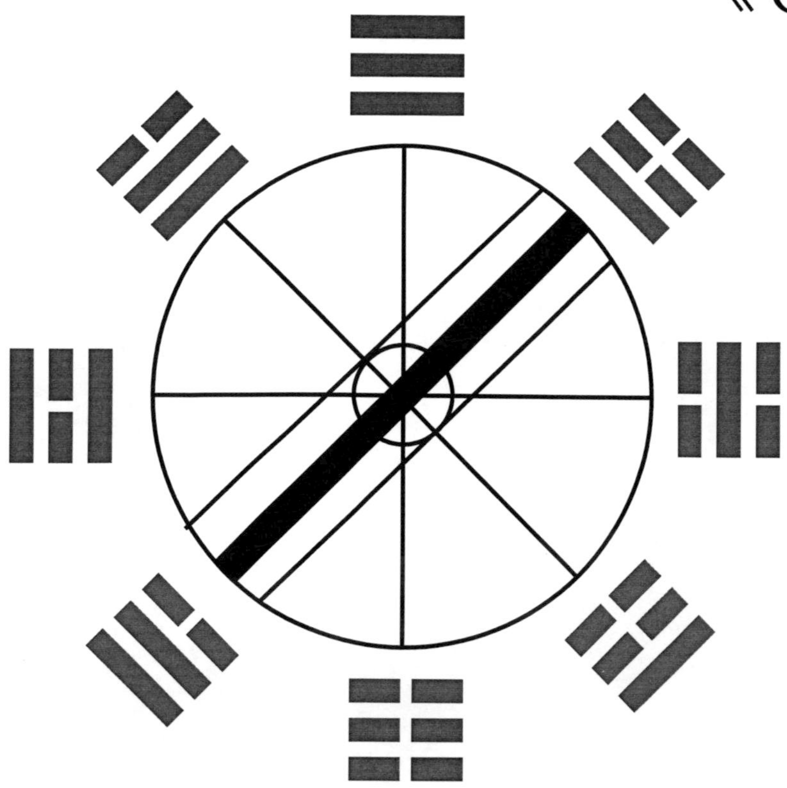

〔註〕：☳☴雷風相簿、雷電動，互互交錯感應，極巽旋，產生陰陽電旋，萬象于此左右、上下，八卦交錯。共構六十四卦：「圓道周流、循環往復」互旋往來。

《DJ圖》

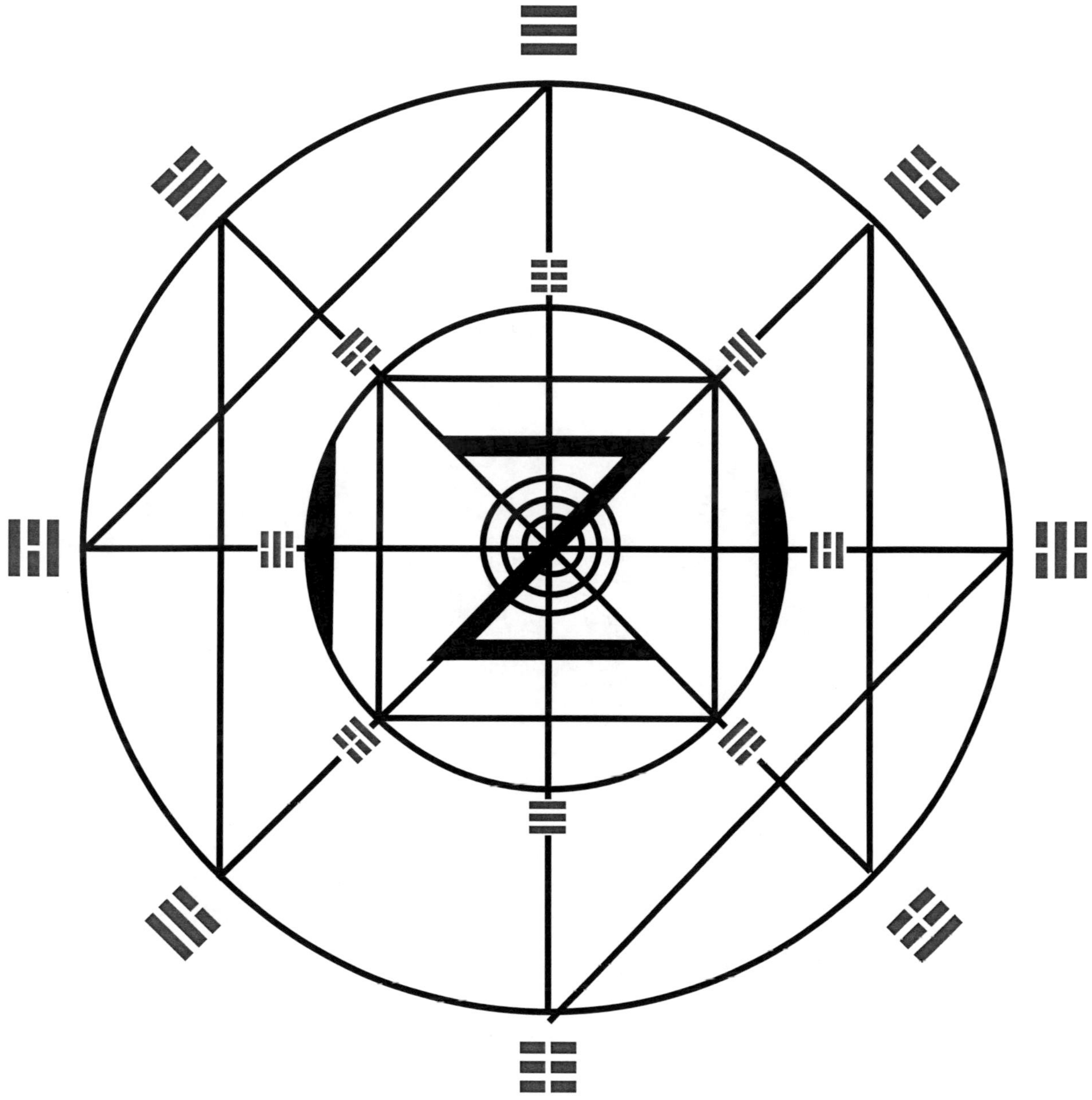

【論述】：

曰：「周天易」簡稱：「周易」。

【註】：

（DJ圖）原始先天八卦。內、外相重。重構而成：「六十四卦相」互交錯對應在：「☳雷☴巽」兩卦。

電雷火交感陰陽而巽旋于：「周流不息，循環往復」履歷先天六十四卦相，用解原理在：「十方、十界、十度空間」交互在：「䷾即濟互互䷿未濟兩卦循環往復」。

〔釋〕：

伏羲先天八卦圖。重六十四卦相、陰陽共構（姤）、萬物化生，萬象分、斥、陽陰終需「和」。曰：「三和體象」講解在「震卦中的：☰☷天地否卦：「AA圖中」與：「順逆對應本卦，D圖的：順遂、來往、乘承、動應不息」敘述在：震卦中「☰☱履卦AM圖示中」。

伏羲先天八卦圖是：「先天乾坤來、往」變爻交錯對應「雷巽、天地、澤艮、火水」，共構在六十四卦各圖示中。

伏羲先天八卦乃「☲☰火天大有」所交成「絪縕之氣交應變生而生數」皆火天大有卦：☲離火主掌五行陰陽總有能

量對應而各有「互互一生一滅，顯、隱各俱：可見、不可見、可測、不可測知境界各有規律」周天易卦，乃宇宙自然規律在「先天六十四卦象：完備系統：『不易、簡易、變易』是萬象、眾生靈。綜合所有一切物質能原量總歸納的『法、理、道』，唯在「周天易：六十四卦相」不易、簡易、變易之六十四卦象矣。

◎伏羲八卦先天圖示：

【註釋】：前述：A、B、C、D等圖。簡用五行：「生」、「剋」、「制」、「化」、「合」、「比」六相交互變易質原能量。D、E，而以用此：「先天八卦圖」：E、F圖示。

《D圖》

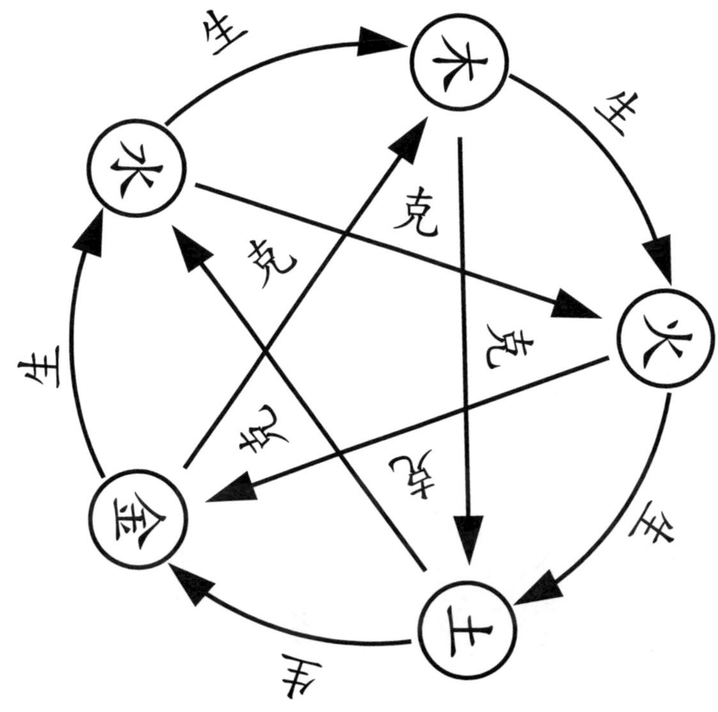

《E圖》

【本論】

〈一〉：「䷍大有卦」之「四正位圖」由「四正位連山易圖」磁場效應。呈現「陰」、「陽」兩極磁能量場的對應比例。

〈二〉：比例之大小組合成：「數理對比等應」即「一二三四五六七八九」而「○」隨應周方界。

〈三〉：「陰」、「陽」對應「一正」、「一負，顯現「對等質能量正反對應」呈現「左」、「右」互旋之磁場能量變化。

〔註〕：DK圖，即：「連山易」變渙「磁能量場比例」顯現「數理」與「陰」，「陽」互兩極互旋圖。

◎「DK圖示」：

〈一〉：「DK圖」乃「連山易圖變易成數字。且互有：「來」、「往」之數理」。

〈二〉：「9、0、0」為矩外三邊六十度角度

〈三〉：矩內圓周亦有三邊六十度角度。皆共構于：「中心軸轂」「來往互旋」。共磁孚呈：「一大星系」。

〈四〉：「連山易圖」變易數字來往圖

①：四個五等於：二十。

②：四個十三等於：五十二。

③：五十二加二十等於：七十二。

④：七十二乘以乾陽三數．等於二百一十有六。

⑤：七十二乘以坤陰二數．等於百四十有四。

〈五〉：陰陽合數等於：「易繫上九章，乾之，二百一十有六，坤之策，百四十有四，凡三百有六十，周期之數」。

◎註：此為周天三百六十度．【詳見本論易上，下繫辭】。

《ＤＫ圖》

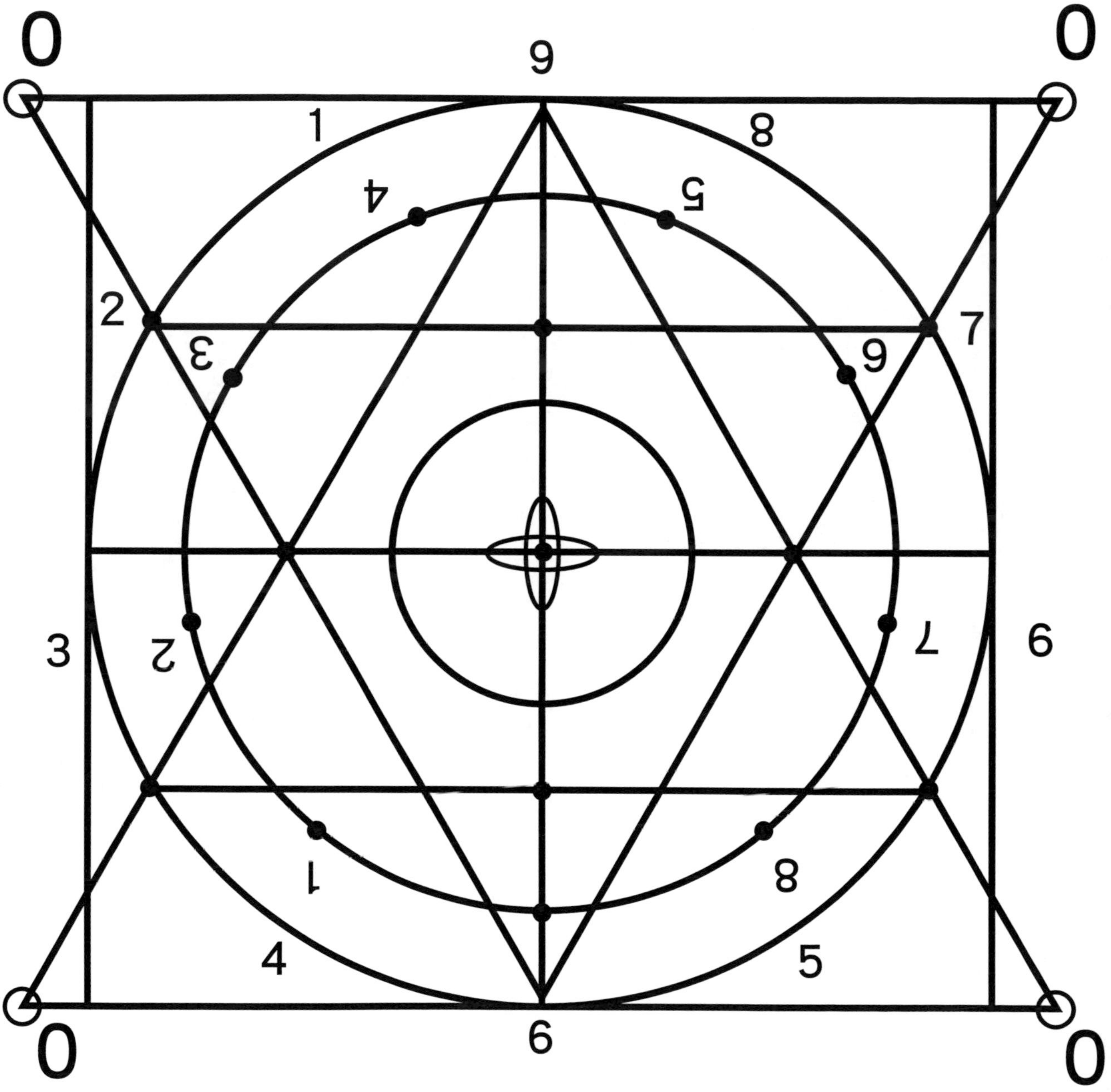

第四章・易卦占卜天象人事總論

〔卦相變渙法則〕：

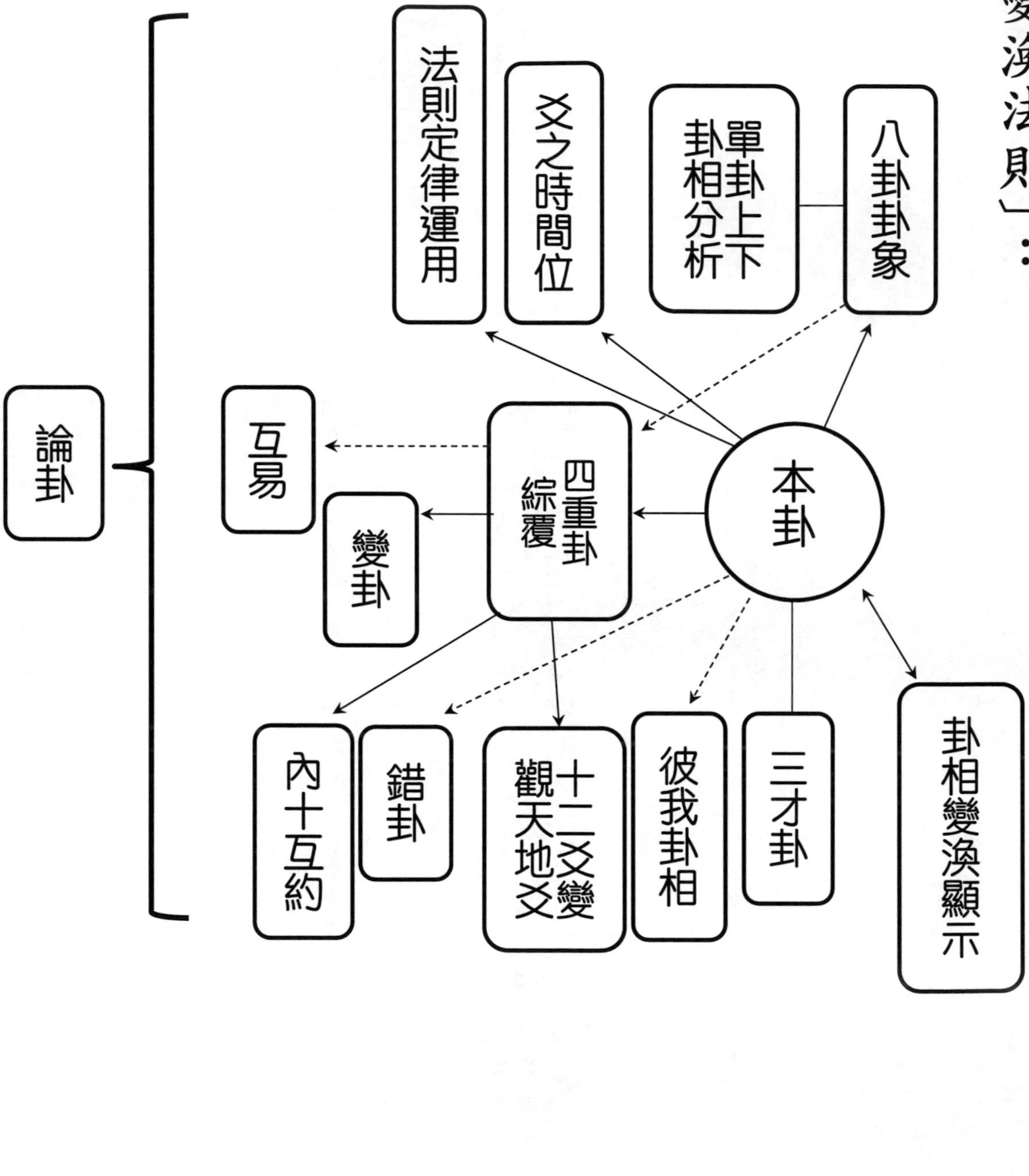
八卦卦象
單卦上下卦相分析
爻之時間位
法則定律運用
本卦
四重卦綜覆
互易
變卦
論卦
卦相變渙顯示
三才卦
彼我卦相
十二爻變觀天地爻
錯卦
內十互約

〔陰陽相對屬性對照表〕：

屬性

- 金性
  - 陽—剛毅果斷△
  - 陰—專制寡情▲
- 木性
  - 陽—寬厚仁慈△
  - 陰—嗔恨嫉妒▲
- 水性
  - 陽—沉靜聰明△
  - 陰—陰險多術▲
- 火性
  - 陽—熱情好義△
  - 陰—執拗暴躁▲
- 土性
  - 陽—量宏懷寬△
  - 陰—厚顏無恥▲

△陽之常態　▲陰之變態

對比

- 有　無 → 生
- 難　易 → 成
- 短　長 → 形
- 高　低 → 傾
- 聲　音 → 和
- 前　後 → 隨

統一

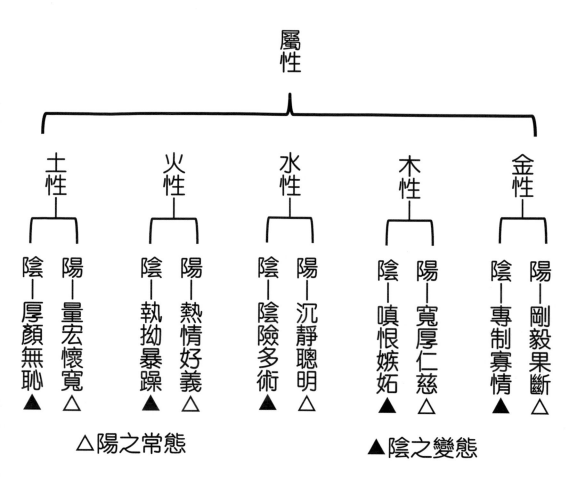

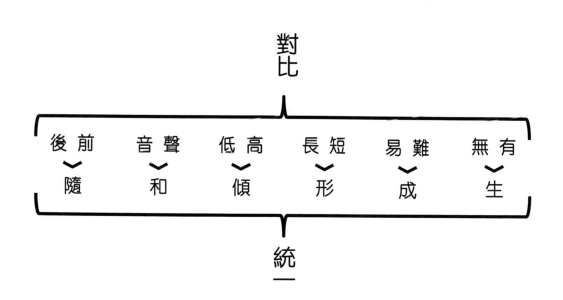

〔八單卦卦象及取象歌〕：

八單卦卦象

☰ 乾卦　☱ 兌卦　☲ 離卦　☳ 震卦

☴ 巽卦　☵ 坎卦　☶ 艮卦　☷ 坤卦

八卦取象歌

☰ 乾三連　☷ 坤六斷　☳ 震仰盂　☶ 艮覆碗

☲ 離中虛　☵ 坎中滿　☱ 兌上缺　☴ 巽下斷

〔八單卦象徵表〕：

	乾 ☰	坤 ☷	震 ☳	巽 ☴	坎 ☵	離 ☲	艮 ☶	兌 ☱
自然	天	地	雷	風	水	火	山	澤
人間	父	母	長男	長女	中男	中女	少男	少女
屬性	健	順	動	入	陷	麗	止	說(悅)
動物	馬	牛	龜	鷄	豕	雉	狗	羊
身體	首	腹	足	股	耳	目	手	口
方角	西北	西南	東	東南	北	南	東北	西

八卦數例與先天八卦圖

乾	兌	離	震	巽	坎	艮	坤
一	二	三	四	五	六	七	八

《先天八卦圖》

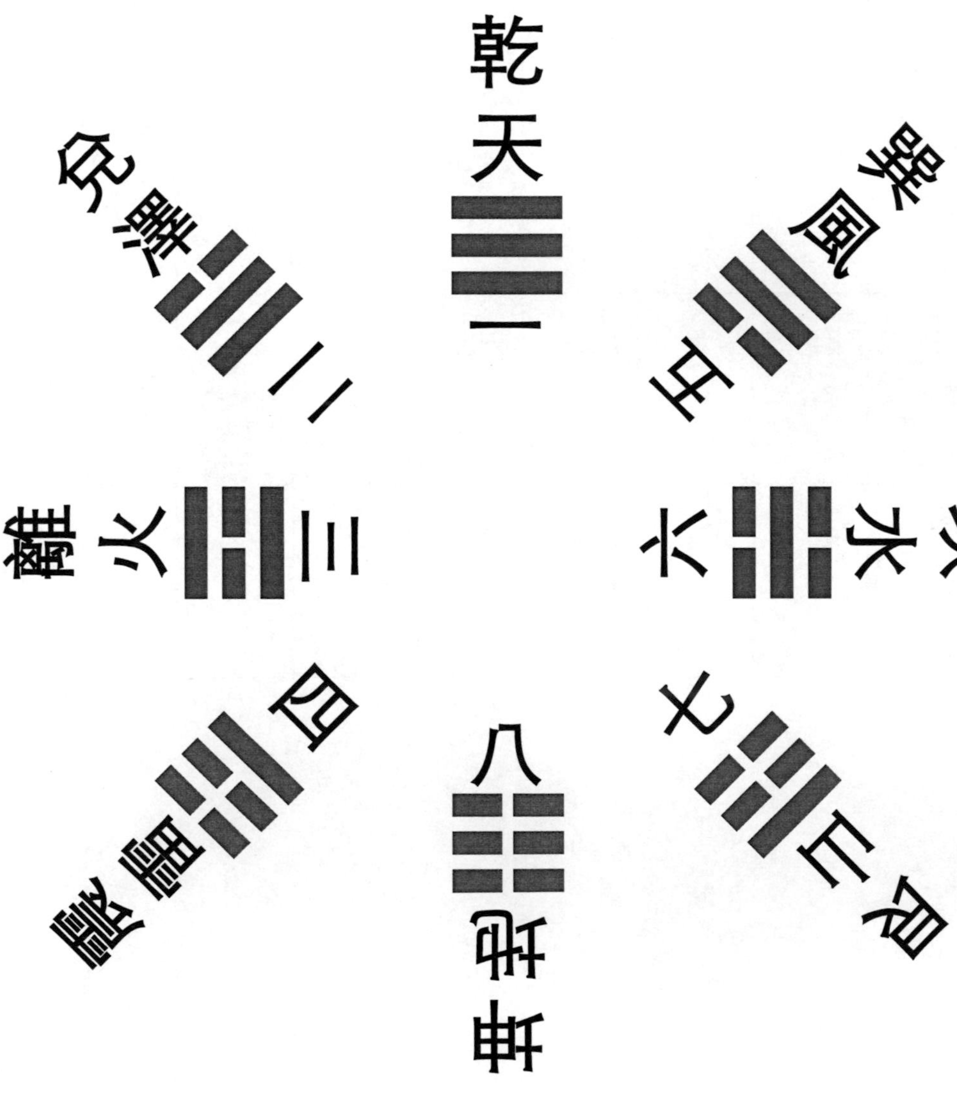

〈一〉五行生剋速見表：

⑨金生水，水生木，木生火，火生土，土生金。

⑩金剋木，木剋土，土剋水，水剋火，火剋金。

《五行生剋速見表》

五行相生相剋

生　生　生　生　生

金→水→木→火→土→金

剋　剋　剋　剋　剋

金→木→土→水→火→金

〈二〉天干地支之五行與生肖：

天干	五行
甲	木
乙	木
丙	火
丁	火
戊	土
己	土
庚	金
辛	金
壬	水
癸	水

地支	五行	生肖
子	水	鼠
丑	土	牛
寅	木	虎
卯	木	兔
辰	土	龍
巳	火	蛇
午	火	馬
未	土	羊
申	金	猴
酉	金	雞
戌	土	狗
亥	水	豬

〈三〉四季月令表：

孟春	正月建寅	端月
仲春	二月建卯	花月
季春	三月建辰	桐月
孟夏	四月建巳	梅月
仲夏	五月建午	蒲月
季夏	六月建未	荔月
孟秋	七月建申	瓜月
仲秋	八月建酉	桂月
季秋	九月建戌	菊月
仲冬	十一月建子	葭月
季冬	十二月建丑	臘月

〈四〉

四方定位：

東方甲乙寅卯──木，應乎正、二月，居於震宮。

南方丙丁巳午──火，應乎四、五月，居於離宮。

西方庚辛申酉──金，應乎七、八月，居於對宮。

北方壬癸亥子──水，應乎十、十一月，居於坎宮。

中央戊己辰戌丑未──土，應乎三、六、九、十二月。

子、午、卯、酉為四正，東、南、西、北為四方。

〈五〉四季運轉與五行旺相：

春、夏、秋、冬為四季，又稱四時。日月寒暑交替運行，永不停止，而產生五行之生剋。如下：

1. 論四時五行：

(1) 甲乙寅卯木旺於春。

丙丁巳午火旺於夏。

庚辛申酉金旺於秋。

壬癸亥子水旺於冬。

戊己辰戌丑未土旺於四季。

(2)

春木旺、火相、水休、金囚、土死。

夏火旺、土相、木休、水囚、金死。

秋金旺、水相、土休、火囚、木死。

冬水旺、木相、金休、土囚、火死。

2. 五行旺相休囚死速見表：

	旺	相	死	囚	休
春	木	火	土	金	水
夏	火	土	金	水	木
秋	金	水	木	火	土
冬	水	木	火	土	金
四季	土	金	水	木	火

〈六〉十二時辰速見表：

上午

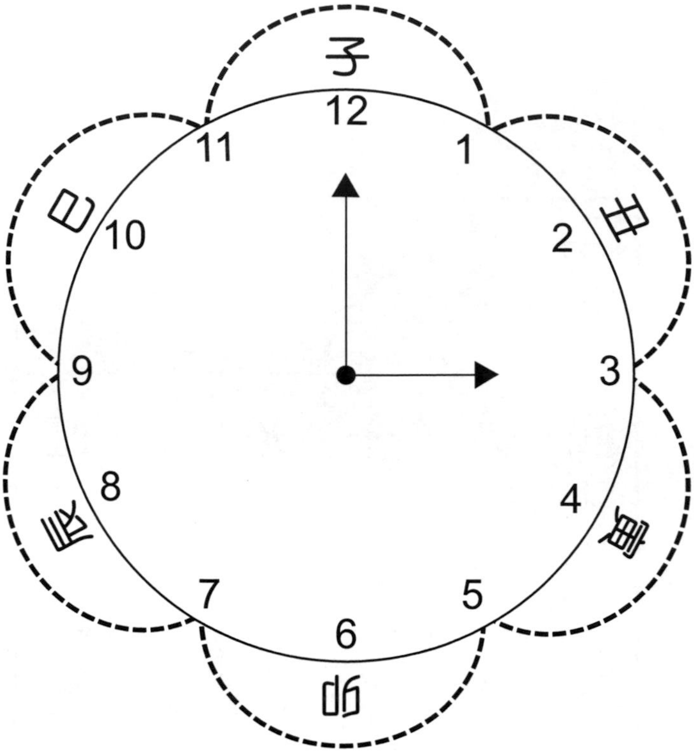

下午

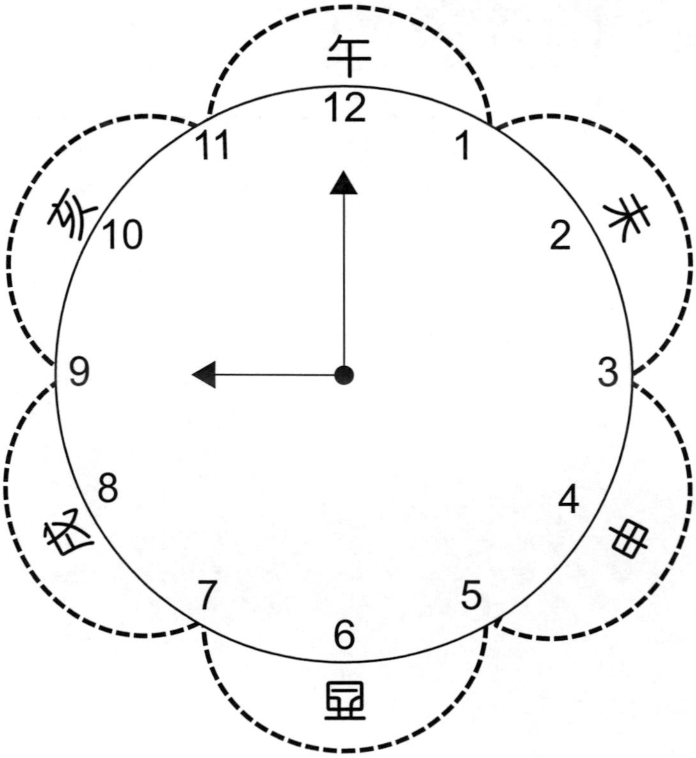

【八單卦的象徵意義】：

(一)：☰乾、天

◎月令以陽曆廿四節氣月令。

陽曆季節──從十月上旬寒露至十二月大雪的二月間。

時間──十八時至二十一時。

天象──晴天、太陽、天空、乾旱、嚴寒。

人物──父、祖先、主人、長輩、老人、宰相、夫、上司、官吏、資家、神明、剛健的人、總經理、軍人、有威嚴的人、君子、援助者、中心人物、有影響力者、經營者等。

人體—首、頭、左肺、脊髓、骨。

疾病症狀—高熱、肺病、頭昏、腫瘡、腦溢血、便秘神經系統疾病、頭痛、高血壓、急劇性疾病。

市場行情—上漲、騰貴。

場所—都會、首府、寺廟、官衙、名勝、廣場、郊外、運動場、競場。

動物—龍、獅子、虎、鯨、象、馬：(龍、蛟)

植物—常綠樹、杉、松、樹木的果實。

雜物—堅硬之物、圓形物體、覆蓋物、高價物品、活動物體、巨大物、鏡、鐵、礦物、米、齒輪、寶石、貴重金屬、大廈、汽車、機械、果實、通貨、鐘錶。

性情——工作熱心、能掌握大局、獨立性強、很重現實、善於交友，但樹敵亦多、個性活躍、領導能力強、風度翩翩，為人風趣。

其他——信仰、大、充實、圓形、競技、活動、繁忙、膽量、果斷力、堅固、健康、戰爭、懷胎、過份、超出預算、政府、施行、藏、氣力、抽象、錢正面。

人事——剛健、武勇、果決、多動少靜、高上屈下、
佔有慾強烈。
出行——利於出行、利西北之行、夏占不利。
婚姻——有聲名之家、秋占宜成、冬夏不利。
求財——有利、公門中得財。
交易——成、夏占則不利。
官訟——有貴人助、秋占勝、夏占失理。

㈡：☱兌、澤

陽曆季節─從九月白露到十月寒露的一個月間。收成時節。

時間─十五時至十八時。

天象─陰時多雲，快下雨、梅雨。

物─太空飛行器、空行飛船、飛碟。

人物─少女、娼妓、酒吧女、銀行職員、歌星、翻譯人員、發起人、放款人、非處女、妾。

人體─口、肺、呼吸器、女性性器官、齒、言。

疾病—肺病、呼吸器官疾病、性病、婦女病、跌打損傷、
言語障礙、口腔內疾病。
方位—西、右、右白虎位。
人事—喜悅、飲食、口舌、毀謗、色情、一時中止、
缺三分之一、齗損、妖豔。
市場行情—價格低
場所—沼澤地、娛樂場、食堂、凹地、講習會場、咖啡店、
銀行、低窪地、水邊、鳥屋、廚房、花街柳巷、池、
谷、湖、山崩地裂之地。
動物—鳥、河魚、羊。

植物——秋季開花的七種草(荻、葛、雄花、瞿麥、女蘿蘭草、桔梗)、生薑。

雜物——紙幣、食物、刀劍、有缺口之物、玩具、鷄肉、鷄肉飯、甜酒、咖啡、鍋、鋁水桶、撲克牌、星、扇、口香糖、樂器、金類品、瓷器、人造人屬、碟型物。

婚姻——秋占可成、利少女、不利中女：二次婚。

求財——有損、有口舌、秋占無損、夏占不遂。

官訟——曲直未決、因公事有損。

性情—性格爽朗而且愛慕虛榮、有常識、有自滿於小成就的傾向、情慾強烈、容易受誘惑、口才好而且機敏、講究享受、易聽信人言、性格不剛強。

其他—經濟、金融、利息、口才、口角、戀情、笑、色情、一時中止、封套、缺三分之一、折斷、彎曲、妖豔、喜悅、口令。

㈢：☲離、火

陽曆季節——從六月上旬芒種至七月上旬小暑的一個月間。

太陽南回、陽光烈之時，為陰陽分歧點，從陰陽兩作用的分界而言，有別離意味。

時間——九時至十二時。

天象——晴、日、電、火、熱能量。

人物——中女、教師、美人、藝術家、文學家、推事、美容師、設計師、學者、消防人員、演員、知識份子、高科技、文明。

人體──心臟、眼、臉部、陽性細胞。

疾病──心臟病、眼疾、高熱、灼傷、便秘、頭暈。

市場行情──上漲。

方位──南、朱雀位。

場所──美容院、圖書館、火災後的廢墟、燈塔、法院、劇場、資料館、裝飾品店、藥局、文具店、學校、噴火口、瞭望台、教會、科技研究所。

動物──金魚、孔雀、螢火蟲、雉、螃蟹、龜。

植物──南天竹、胡桃、楓樹、牡丹、花。

雜物——美麗物品、裝飾品、化粧品、眼鏡、火爐、文書、畫畫、飛器、股份、票據、印鑑、文具、電視、鏡子、槍、刀、蠟燭、火柴、藥品、曬乾物品、照相機、樣本、火槍、長鎗、戈。

性情——注重外表、性情善變、動輒發怒、性急欠冷靜、經常失敗、表面明朗、生性懦弱、有先見之明、才能卓越、如得貴人扶持前途輝煌、求知慾強、重名譽。

其他——精神、學問、教育、公事、先見之明、發現、名譽、尖銳、輝、藝術、離別、炸彈、火藥、戰爭兵伐、爆炸、切割、手術、爭、激烈、美、發明、外觀、

美容、華美、文明、光、理想、表現、記錄、

八面玲瓏之人、法律書、律法、制典、書籍。

人事—文書之所、有聰明才學、相見虛心、分家、

專業科技人員。

出行—可行、宜南方、愼於行舟。

婚姻—利中女之婚(二次婚)、不利少女之婚。

求財—有利、交易可成、立夏。

官訟—已動文書、可明析。

④：☳ 震、雷

陽曆季節——從三月上旬驚蟄至四月上旬清明的一個月間。
太陽遠離，有孕育萬物萌芽之勢。

時間——三時至六時。

天象——晴、雷雨、地震。

人物——長男、青年、廣告、宣傳人員、廣播員、接線生、
電氣、與樂器有關的人、勇者、不安份的人、
急性子的人、公職人員、獄官、軍警、王侯、
發號司令之職、將帥。

人體—肝臟、神經、腳。

疾病—肝臟病、暈眩、歇斯底里症、神經痛、痙攣、
百日咳、氣喘、風濕病、突發病症、肌肉痛、受傷。

市場行情—變動、上升。

動物—龍、鳴蟲、龜、雀。

方位—東、左、左青龍位。

植物—檸檬、嫩竹、仙人掌、蜜柑、山茶。

雜物—電器用品、發出聲響之物、樂器、鈴、電話、
廣告傳單、燈火、煙火、新潮用品、新品樹苗、
壽司、槍。

性情——個性爽朗、善於交際、積極而且早熟、有桃色糾紛、有所偏愛、個性倔強、卻無膽量、性急而且感情化、說話易遭誤解，而且感到痛苦、征伐。

其他——繁榮、發展、爬升、伸長、侵入、希望、奮起、聲音、音樂、鳴叫、雷鳴、動、激烈、喧囂、火災、明朗、新鮮、性急、度、評價、宣傳、廣告、誑語、勇敢、嚇人之物、頻動、波動。

人事——起動、怒、虛驚、多動、宜官職。

婚姻——可成、聲名之家、長男之婚大吉。

求財——有利、求名有利正職。

官訟——有虛驚、反覆之象。
出行——可、宜利東方。

⑤：☴巽、風

陽曆季節——從四月上旬清明至芒種約二個月間，陽氣滋生時。

時間——六時至九時。

天象——刮風、不下雨、龍捲風、旋泓。

人物——長女、推銷員、商人、旅行者、來客、郵局工作人員、迷失人、未婚者。

人體——肝臟、呼吸器官、腸、股、食道。

疾病—感冒、呼吸器官的疾病、腸疾、狐臭、性病、流行性疾病、肝臟病、病情忽好忽壞、氣喘、中風。

市場行情—不穩定、有下跌傾向。

方位—東南。

婚姻—大利長女之婚。

人事—柔和、不定、鼓勵、利市交易、迷惑、忌輕率行事。

官訟—速和可無事、不宜糾纏。

求財—有利、不利秋季。

出行—可、老者有疾患。

場所——道路、連絡用道、遠處、機場、海港、電信局、信箱、郵筒、商店、加工廠。

動物——蛇、鳥、蝴蝶、白帶魚、蜻蜓、海鰻。

植物——竹、木、柴。

雜物——電風扇、螺旋狀物、飛機、木製品、長繩、加工品、帶、線紙、羽毛、帆、扇、枯葉、麵條、佛香、香水、繫。

性情——慈祥溫和、樂於助人、說話婉轉、喜歡社交、果斷力弱、容易喪失好機會、自我認識不夠、滿腹牢騷、過於自負。

其他——交際、關照、友情、信用、買賣、不定、謠言、遠方、旅行、通訊、迷惑、搞錯、長、飛、說媒、結論、和諧、機警敏捷、風俗、輕率、敷衍、傳遞、波頻、飛碟、旋雲。

㊅：☵ 坎、水

陽曆季節——從十二月上旬大雪到一月上旬小寒的一個月間。

　　為等候春天的降臨，必須忍耐準備的堅苦時期。

時間——二十一時至二十四時。

天象——雨雪交加、霜、梅雨、寒氣、月、雲、水氣。

人物——中南、船員、法律專家、思想家、部下、介紹人、

　　性感之人、盜賊、病人、死者。

人體——耳、腎臟、性器官、肛門、臀部、子宮、陰性細胞。

疾病──耳炎、腎炎、尿道炎、糖尿病、出血、喀血、化膿、盜汗、中毒、酒精中毒、下痢、寒症、婦女病、月經不順、性病、痔瘡、疼痛症。

方位──北、玄武位。

出行──不宜太遠(外國)、防有困陷。

市場行情──下跌、最低價格。

場所──穴、洞穴、水源地、瀑布、河川、污水、水利局、井邊、洗間、酒店、地下、內側、後門、寢室、等候室、海中、北極、運補、輸送、暗昧處所。

動物──魚、貝類、狐、豬豕。

植物——絲瓜、水草、水仙、蘿蔔、紅梅。

雜物——食用水、泉、飲料、牛乳、汁、醬油、酒器、海苔、豆腐、菜、毒藥、針、筆、弓、水晶、石油、環、酒、車、舟、矛、箭矢。

性情——不圓滑、有怪癖、講求面子、面惡心善、注意力集中、熱心、爲達目的不顧不切、勞碌而且神經質、不知變通、意氣用事、自傲、喜獨處。

其他——濡濕、創始、沉沒、潛入、流轉、煩惱、勞苦、貧困、孤立、障礙、疾病、性交、隱情、私奔、秘密、幽會、裏面、睡眠、鎮靜、親愛、親睦、連絡、法律、思考、計謀、狡猾、黑暗、寂寞、儲屯、補給、運送、儲屯、大型航器、弓輪矯揉之物。

婚姻──大利中男之婚。

人事──險陷、卑下、外示以柔、內序以利、或隨波逐流。

官訟──不利、困陷。

求財──利水產攸關生意有利、行舟車運有利、不利土地合夥投資、置產可、週轉有困難。

㈦：☶艮、山

陽曆季節——從二月立春至三月上旬驚蟄的一個月間。

由冬入春的變化時期。

時間——零時至三時。

天象——陰、迷矇。

人物——少男、繼承人、家族、親戚、同業者、革命家、頑固者、高尚之人、奇特之人、貪心之人、警備人員、飯店工作人員、倉庫管理人員、後繼者、礦業人員、監獄監管人員。

人體──關節、背部、鼻、手指、男性性器官。

疾病──關節痛、骨折、鼻炎、腰痛、血氣不順、脊椎骨的疾病、跌打損傷、脾臟疾病。

市場行情──漲停板。

場所──城、石牆、土堤、山岳、山林、閣寺、高山、高地、宿舍、旅館、倉庫、小庫房、二樓、階梯、拐角、走廊、門、出口、椅子、山路、境界、貯藏所、橋、丘陵、家、囚獄、檻、防空洞、山內建築物。

動物──狗、有牙齒之動物。

植物──百合、桃、李、藤蔓、瓜果。

雜物——不動產、門、小石、桌、倉庫物品、牛肉、鹹魚子、藤生物、纏住、山芋、高級甜點心。

人事——阻隔、守靜、進退不決、背叛、止住、不可見謁、改革、關店、儲蓄、慾念、遭拒絕、堅固、復活（火山、植被）、糾纏、再起、頑固、交易難成。

求財——利山耕與山地買賣、其餘無利或小利。

婚姻——利少男之婚、其他有阻隔難成、遲滯之象。

官訟——牽連不絕、阻滯、終可解、忌有牢獄之災。

出行——宜陸、勿遠行。

性情——做事穩健且受長輩提攜、在實業方面有所成就，如私慾過重、將遭朋友排斥而被孤立、不屈不撓、具有重振雄風的毅力、性情保持平和、改變方針時多加注意，則可獲得幸輻、好惡明、好勝而且理解力強、自我主義。

其他——親屬、繼承、轉捩點、改革、革命、復活、再起、改良、整理、停止、中止、退、關店、儲蓄、慾念、頑固、高尚、拒絕、歡迎、堅固。

(八)：☷ 坤、地

陽曆季節—從七月上旬小暑至九月上旬白露的二個月間。

時間—十二時至十五時。

天象—陰。

人物—妻、母、女、老婦、農夫、民眾、勞工、副主管、平凡人、溫順的人、老母。

人體—腹部、胃腸、皮膚、肉、皮肉、內臟。

疾病—胃腸疾病、消化不良、食慾不振、皮膚病、下痢、便秘、過勞、老化、死亡。

市場行情——跌停板。

場所——平地、農地、農村、山村、原野、鄉村、故鄉、

安靜場所、黑暗地方、工作場所、地底建築、

地底創建物。

動物——母馬、牛、家畜、蟻、百獸。

植物——蘑菇、芋、馬鈴薯、蕨、地底農物。

雜物——布、棉織品、袋子、床單、被單、書、貼身內衣、

綢緞、不產、古物、土器、陶瓷器、鍋、釜、容器、

空箱子、榻榻米、甘藷、粗點心、廉價品、粉末、

日常用品、鞋、古董、錢頁面。

性情——外柔內剛、腳踏實地努力，可獲成功，一點一滴累積以致富，缺乏創意與果斷力，但工作認眞、踏實而且個性柔順，在組織中受人信賴，適合輔助性質的工作、和順、卑下。

其他——樸實、農業、低等職業、勤務、營業、傳統、舊式、拖延、夜、黑暗、不消化、空虛、空、吝嗇、認眞、參謀、四角、厚、等、具體的、靜、錢頁面、軍隊、民眾、團結、順從。

人事——柔順、懦弱、樸實、為副不為主。

婚姻——吉利和順、相睦、無阻、先孕之象。

出行—可、春占防盜失、或有迷路、無礙。

求財—有利、大利土地房屋田產買賣、多而於中取利交易

忌不明物品。

官訟—順理、皆可解。

第五章・八純宮八變法

易占八宮卦變化表

(一)乾宮(金屬)所屬八個重卦

䷀ 純乾卦(乾為天)爲本宮各卦變動開始點

䷫ 第一爻變(天風姤)

䷠ 第二爻變(天山遯)

䷋ 第三爻變(天地否)

䷓ 第四爻變(風地觀)

䷖ 第五爻變(山地剝)

䷢ 回來第四爻變(火地晉)

䷍ 下卦全變(火天大有)

（二）兌宮（屬金）所屬八個重卦

䷹ 純兌卦（兌爲澤）為本宮各卦變動開始點

䷮ 第一爻點（澤水困）

䷬ 第二爻變（澤地萃）

䷞ 第三爻變（澤山咸）

䷦ 第四爻變（水山蹇）

䷎ 第五爻變（地山謙）

䷽ 回來第四爻變（雷山小過）

䷵ 下卦全變（雷澤歸妹）

（三）離宮（屬火）所屬八個重卦

䷝ 純離卦（離爲火）爲本宮各卦變動開始點

䷷ 第一爻變（火山旅）

䷱ 第二爻變（火風鼎）

䷿ 第三爻變（火水未濟）

䷃ 第四爻變（山水蒙）

䷺ 第五爻變（風水渙）

䷅ 回來第四爻變（天水訟）

䷌ 下卦全變（天火同人）

(四)震宮(屬木)所屬八個重卦

䷲ 純震卦(震為雷)爲本宮各卦變動開始點

䷏ 第一爻變(雷地豫)

䷧ 第二爻變(雷水解)

䷟ 第三爻變(雷風恒)

䷭ 第四爻變(地風升)

䷯ 第五爻變(水風井)

䷛ 回來第四爻變(澤風大過)

䷐ 下卦全變(澤雷隨)

(五)巽宮(屬木)所屬八個重卦

䷸ 純巽卦(巽為風) 為本宮各卦變動開始點

䷈ 第一爻變(風天小畜)

䷤ 第二爻變(風火家人)

䷩ 第三爻變(風雷益)

䷘ 第四爻變(天雷無妄)

䷔ 第五爻變(火雷噬嗑)

䷚ 回來第四爻變(山雷頤)

䷑ 下卦全變(山風蠱)

（六）坎宮（屬水）所屬八個重卦

䷜ 純坎卦（坎為水）為本宮各卦變動開始點

䷻ 第一爻變（水澤節）

䷂ 第二爻變（水雷屯）

䷾ 第三爻變（水火既濟）

䷰ 第四爻變（澤火革）

䷶ 第五爻變（雷火豐）

䷣ 回來第四爻變（地火明夷）

䷆ 下卦全變（地水師）

(七)

艮宮(屬土)所屬八個重卦

䷳ 純艮卦(艮爲山)為本宮各卦變動開始點

䷕ 第一爻變(山火賁)

䷙ 第二爻變(山天大畜)

䷨ 第三爻變(山澤損)

䷥ 第四爻變(火澤睽)

䷉ 第五爻變(天澤履)

䷼ 回來第四爻變(風澤中孚)

䷴ 下卦全變(風山漸)

（八）

坤宮（屬土）所屬八個重卦

䷁ 純坤卦（坤為地）爲本宮各卦變動開始點

䷗ 第一爻變（地雷復）

䷒ 第二爻變（地澤臨）

䷊ 第三爻變（地天泰）

䷡ 第四爻變（雷天大壯）

䷪ 第五爻變（澤天夬）

䷄ 回來第四爻變（水天需）

䷇ 下卦全變（水地比）

〔四大難卦〕：

以下並列的四卦，各卦均帶有 ☵ 坎水，在運勢上而言，屬於困難逆境之卦。

(3) ䷂ 水雷屯 開始之時遭遇困難。

(29) ䷜ 坎為水 開始與最後之時，進退均有困難。

(39) ䷦ 水山蹇 中途遭遇困難。

(47) ䷮ 澤水困 困難之極。最終之苦惱。

上卦(外卦)帶有☵坎卦者，主有外患，下卦(內卦)有坎者，主有內憂，故䷜坎為水表示內憂外患。由於坎具有穴、困難、苦難之卦象，故占得該卦時，必須自我保重，以挽救極險的狀況；並且步步為營，等候時機的到來，以謀脫離險境。就逆境之卦而言，求得之卦時，如所占得的爻位接近上爻者，表示其困難將近結束。

【彼我分析法】：

該占法係將所占得的大成卦(本卦)加以分離，上卦(外卦)代表對方，下卦(內卦)代表自己。該種占法多運用於買賣交涉之類的占卦；但是，其並非隨時均可加以應用，祇不過是占法之中一種論斷而已。

譬如：䷴風山漸的上卦爲☴巽、風，視爲對方；下卦爲☶艮、山，視為自己。該種情形之下，且將對方四卦(雷、風、山、澤)的上卦如下列情形，加以倒置看看。

☳雷 ↓ ☶艮、山 ↓ 停止

☴風 ↓ ☱兌、澤 ↓ 誘惑

☶山 ↓ ☳震、雷 ↓ 前進

☱澤 ↓ ☴巽、風 ↓ 違背、迷惑

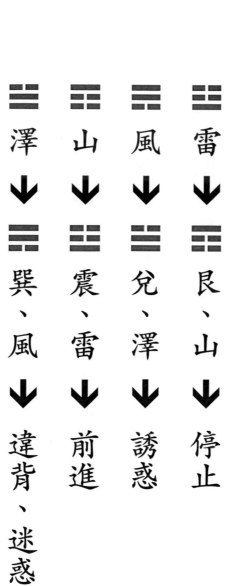

☰乾、天(不理睬)、☲離、火(看透)、☵坎、水(苦惱)、☷坤、地(不明瞭)等四卦加以倒置亦復相同，故仍持原來看法。如前頁所示風山漸的上卦☴風變為☱兌，☱兌象為誘惑，而下卦☶艮為停止之象，故可視為對方雖有所引誘，惟自己不為所動，保持停止狀態。四爻、五爻帶有⚋陰爻時，則為對方朝我方前進，或有所引誘之意。

(3) ䷂ 水雷屯　視為對方（☵坎、水）陷於困窮狀況，正在設法之中；自己（☳震、雷）則有意前進。

(50) ䷱ 火風鼎　視為對方（☲離、火）已經看準，而自己（☴巽、風）卻持不同意對方的態度。

(11) ䷊ 地天泰　視為對方（☷坤、地）態度不明確，而自己（☰乾、天）則假裝不在乎的態度。

(2) ☷☷ 坤為地　視為我彼雙方態度均不明確，不得結果。

(23) ☶☷ 山地剝　視為對方(☶↓☳震、雷)已經採取前進行動，而自己(☷坤、地)卻不能表明態度。

(58) ☱☱ 兌為澤　視為對方(☱↓☴巽、風)不同意，自己(☱兌、澤)雖有所勸惑，仍不能表明態度。

對八卦象意配合具體的占卦目的，進行占斷，其可應用的範圍，實廣泛無比。另外，尚有將原卦的內卦陰陽互變，分析變更自我方針的一種占卦法：(6)䷅天水訟(不和、起爭執。對方態度強硬。意見不能溝通)，將其下卦(內卦)反轉過來，則變成(13)䷌天火同人(與志同道合之奮交往則吉。受關懷、提攜)。但是，該卦對於起初占得的本卦所表示的運勢，並不意味可以全面改變。

〔彼我論卦〕：

該種卦法係將大成卦(本卦)當做我方，然後，將該大成卦整個掉轉過來，所得出之卦當做對方。譬如：䷒ 地澤臨代表我方，該卦上下掉轉則成 ䷓ 風地觀，係代表對方。賓主法爲分析買賣交涉或對方狀態的占法，不過也只是所有占法之中的一種論法；占卦時，並非一定要使用該一賓主法，不妨因應所占問的事物作一參考。

䷀ 乾為天

䷁ 坤為地

䷜ 坎為水

䷝ 離為火

䷚ 山雷頤

䷛ 澤風大過

䷼ 風澤中孚

䷽ 雷山小過

以上所列八種大成卦，其上卦、下卦均對等立，故主我方與對方均屬相同等質量。除去該八種以外的大成卦，有關其賓主法，謹略述如後：

我方：

(55) ䷶ 雷火豐

盛大　內部帶有苦惱　無持久性

對方：

(56) ䷷ 火山旅

親情淡薄　移動　孤獨　不安

(16) ䷏ 雷地豫

歡樂　完成準備　希望　易於疏忽

(15) ䷎ 地山謙

謙遜　謹慎　後期轉佳

(7) ䷆ 地水師

戰爭 損傷 不得平安

(8) ䷇ 水地比

親睦 平安 協力 遲緩

(40) ䷧ 雷水解

解決 放鬆 散除

(39) ䷦ 水山蹇

停頓 阻滯 動彈不得

(46) ䷭ 地風升

前進 地位上昇 循序前進

(45)

䷬

澤地萃

喜悅聚集 買賣繁昌 爭奪財產

(49)

䷰

澤火革

改革 轉換方向 愈往後愈佳

(50)

䷱

火風鼎

取新 跟隨機運 改正

(19)

䷒

地澤臨

希望 盛運 徐徐前進

(20)

䷓

風地觀

靜觀 觀察 受他人提拔 精神方面主吉

(41) ䷨ 山澤損

一時的損失　先賠後賺　徐徐前進

(42) ䷩ 風雷益

利益　先賺後賠　內部動搖

(60) ䷻ 水澤節

節制　緊張　段落

(59) ䷺ 風水渙

離散　心不安

(54) ䷵ 雷澤歸妹

顛倒順序　非常道

(53)

䷴ 風山漸

事物漸有進展 金錢上的苦惱

(48)

䷯ 水風井

重複 不能立即達成 守舊爲吉

(47)

䷮ 澤水困

困難 不如意 資金不足

(32)

䷟ 雷風恒

恒常 平穩 守舊 沒有進展

(31)

䷞ 澤山咸

迅速行動 感應 遠方有佳音

(24)

䷗ 地雷復

再來 一陽來復 復活 順利推進

(23)

䷖ 山地剝

從基礎開始崩潰 身為上司者感到困苦

(3)

䷂ 水雷屯

創始的苦惱 萌芽 難以伸展

(4)

䷃ 山水蒙

妄念 躊躇 曚昧 黑暗 後半轉佳

(51)

䷲ 雷為震

奮進 有聲無形 共振波率(ㄌㄩˋ)

(52) ䷳ 艮為山

止 再接再厲 經常阻滯

(17) ䷐ 澤雷隨

隨從 臨機應變 改正

(18) ䷑ 山風蠱

混亂 閉塞 來自內部的混亂

(36) ䷣ 地火明夷

才能不受賞識 內心憂悒 地底發展

(35) ䷢ 火地晉

前進 昇 進昇 沒有內容

(22)

䷕

山火賁

飾也 美觀 內部空虛 創建新機

(21)

䷔

火雷噬嗑

除去中間的障礙 逞強 買賣

(63)

䷾

水火既濟

完成 先好後壞 結束 一個階段成就

(64)

䷿

水火未濟

未完成 先壞後好 另一次延續進展

(33)

䷥

火澤睽

反目 背叛 後半轉佳 內部起鬨

(37)

䷤

風火家人

和睦　親愛　意思溝通

(58)

䷹

兌為澤

喜悅　小事有喜　沒有歸結　注意口角之爭

(59)

䷸

巽為風

疑惑　迷失而受損　中途受挫　不安定

(11)

䷊

地天泰

安定　中途陷於混亂　表面良好

(12)

䷋

天地否

否塞　半途開始亨通　困難

(26) ䷙ 山天大畜

養精蓄銳 進行計劃 超科技

(25) ䷘ 天雷无妄

順從趨勢演變 意外之災 迷惑 無有妄念

(5) ䷄ 水天需

等待時機 期待 養精蓄銳

(6) ䷅ 天水訟

申訴 不和 憂傷 爭執

(9) ䷈ 風天小畜

稍後 時機未熟而焦躁

(10)

䷉

天澤履

冒險　履虎尾的危險　開始時有驚恐之事

(34)

䷡

雷天大壯

強壯　好強　沒有實質

(33)

䷠

天山遯

退　引退　凡事出錯

(14)

䷍

火天大有

盛大　物質上的滿足　因人際關係而勞苦

(13)

䷌

天火同人

協力　受提拔　性急　和睦

(43) ䷪ 澤天夬

解決 斷然實行 不測之災 文書上的錯誤

(44) ䷫ 天風姤

偶然相逢 迷惑多 交構

〔詮卦〕：

大成卦之中含有小成卦的八卦卦象者，稱詮卦。在占斷之時，以所含八卦卦象的意義為主，進行判斷。又稱爲大卦。該詮卦亦屬占斷時的一項參考，並不一定需要觀察出來。即「以二用一」的理論。

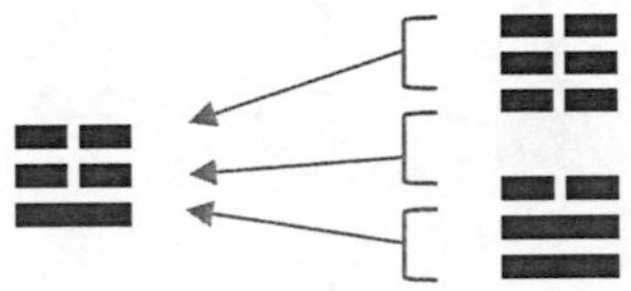

地澤臨

震(大震)

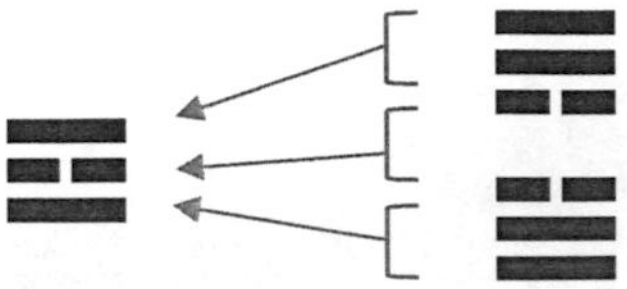

風澤中孚

離(大離)

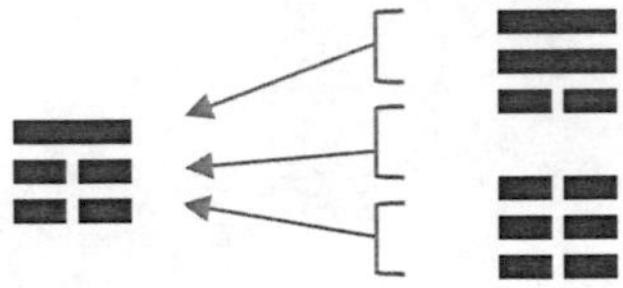

風地觀

艮(大艮)

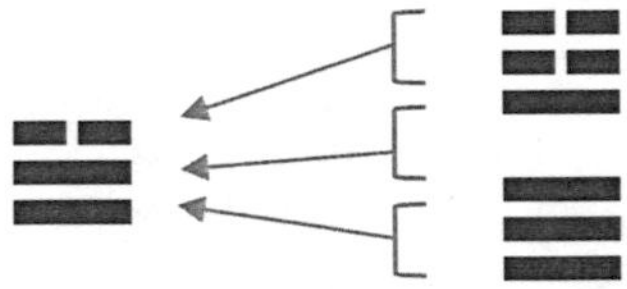

雷天大壯

兌(大兌)

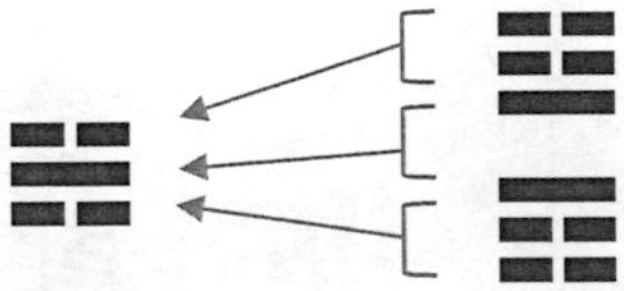

雷山小過

坎(大坎)

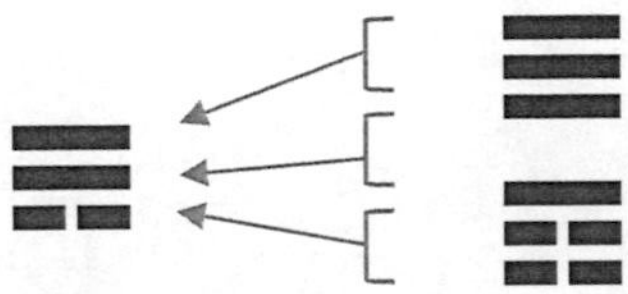

天山遯

巽(大巽)

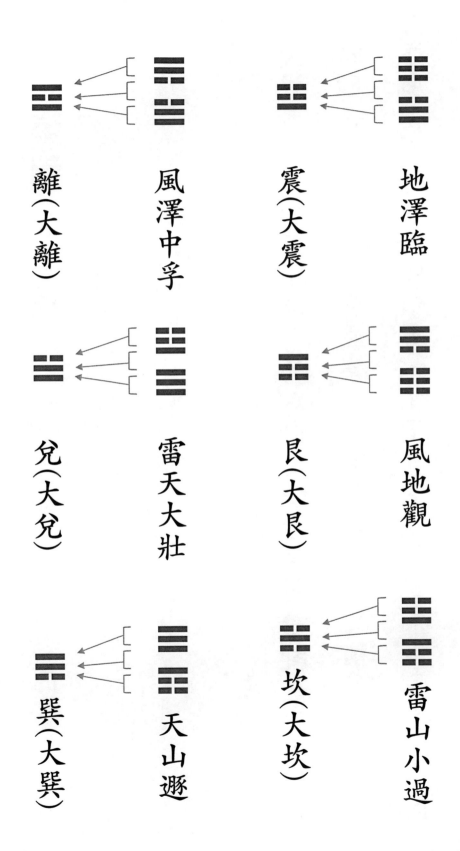

雷山小過（大成卦）包含坎（小成卦）象，視為水、苦惱。風地觀（大成卦）包含艮（小成卦）象，故視為停止。

〔包卦〕：

以下所列舉之卦稱做包卦，觀察內互法之包爻呈卦。

䷨ 山澤損
䷩ 風雷益

☰ 乾中包含有 ☷ 坤

䷥ 火澤睽
䷤ 風火家人

☰ 乾中包含有 ☵ 坎

䷞ 澤山咸

䷟ 雷風恒

☷ 坤中包含有 ☰ 乾

䷦ 水山蹇

䷧ 雷水解

☷ 坤中包含有 ☲ 離

◎包卦僅示卦相有互比之卦相，以「內三爻」成一單卦相。

于：「四重卦」中有「天象學之理論闡述」。

〔互卦〕：

四爻可互卦，即：「四盈而成易」。大成卦(本卦)的二爻、三爻、四爻稱為互卦，三爻、四爻、五爻稱為約象。本卦為䷒地澤臨，則其互卦為☳震、雷，約象為☷坤、地。將約象的☷坤、地作爲上卦，互卦的☳震、雷作為下卦，則成䷗地雷復的大成卦。

以該本卦的上卦(外卦)代表對方，下卦(內卦)代表我方，則可說是對方與我方的接觸點或是現況，即使彼我形態上而言，也可以說是呈現出一種交錯狀態。

進行占斷時，觀察該一由互卦與約象(二者合一，通稱互卦)所組成的大成卦，可以提供解決現況的一項線索；並且，其可視為潛藏著的事情，配合、對照所得出的本卦(此處是指☷☳地澤臨)，更可得出實際而具體的占斷。

所以，互卦、約象可以說是占斷的關鍵，觀察互卦與約象之象，復可謀得解決問題的方法。

譬如：☴☴巽為風的互卦☱兌、澤，約象為☲離、火，根據☲離、火之象，則可判斷該事物是否與文書之類有所牽連，這也是一種占法上的應用。

◎每一卦六爻中與上、中、下之四爻成互，則有三卦十八爻。

〈九〉占斷人事重點：

左列占法圖解係說明占問具體事實的時候，所使用的各種方法。配合本卦、之卦加以研究，則各該占法均可作為占斷時的一種參考。占斷之妙全然存乎於此。占斷方法復因個人的深入研究與分析，必然有所領悟，而變成自己的易占。一般而言，占卦時，如果出現不好的卦，往往都會想重新卜筮(占卦)一次；但是，再度進行占卜的話，易占必然不會給予明確的指示或顯示正確的事態。所以，首先必須熟諳八卦或六十四卦的象意，然後，研究該卦並對照具體事實，進行占斷，方能掌握解決問題的重要鎖鑰。至於，想瞭解其中或隱藏的情事、進退之策或情勢時，則可根據詮卦、或是將內卦、外卦的陰陽爻互變，當可有所明瞭。但是，必需熟諳八卦卦象，則該類占法必然運用自如。

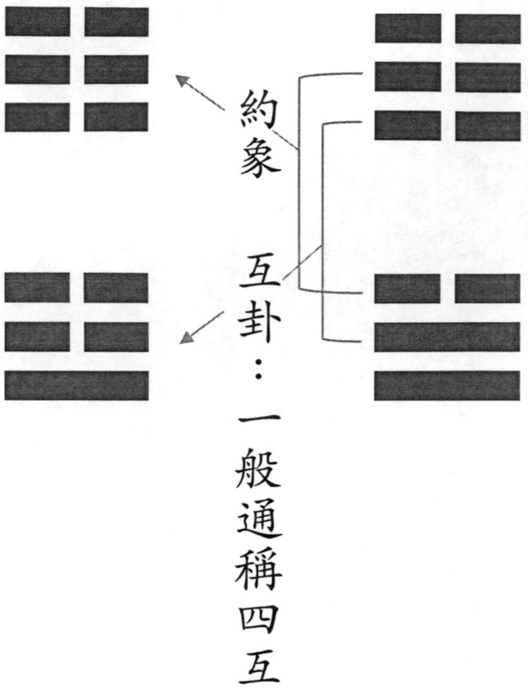

〔六十四卦象及認卦捷徑表〕：

上卦＼下卦	1. 天乾	2. 澤兌	3. 火離	4. 雷震	5. 風巽	6. 水坎	7. 山艮	8. 地坤
1. 天乾	乾為天 1	天澤履 10	天火同人 13	天雷無妄 25	天風姤 44	天水訟 6	天山遯 33	天地否 12
2. 澤兌	澤天夬 43	兌為澤 58	澤火革 49	澤雷隨 17	澤風大過 28	澤水困 47	澤山咸 31	澤地萃 45
3. 火離	火天大有 14	火澤睽 38	離為火 30	火雷噬嗑 21	火風鼎 50	火水未濟 64	火山旅 56	火地晉 35
4. 雷震	雷天大壯 34	雷澤歸妹 54	雷火豐 55	震為雷 51	雷風恒 31	雷水解 40	雷山小過 62	雷地豫 16
5. 風巽	風天小畜 9	風澤中孚 61	風火家人 37	風雷益 42	巽為風 57	風水渙 59	風山漸 53	風地觀 20
6. 水坎	水天需 5	水澤節 60	水火既濟 63	水雷屯 3	水風井 48	坎為水 29	水山蹇 39	水地比 8
7. 山艮	山天大畜 26	山澤損 41	山火賁 22	山雷頤 27	山風蠱 18	山水蒙 4	艮為山 52	山地剝 23
8. 地坤	地天泰 11	地澤臨 19	地火明夷 36	地雷復 24	地風升 46	地水師 7	地山謙 15	坤為地 2

國家圖書館出版品預行編目(CIP)資料

易經錯了幾千年 : 世界唯一。易經宇宙觀論卦。
31 火天大有卦 / 林永昌著. -- 高雄市 : 林永昌,
民 110.11
219 面 ; 18.2X25.7 公分
ISBN 978-957-43-9557-6(平裝)

1.易經 2.注釋

121.1 110020199

易經錯了幾千年：世界唯一。易經宇宙觀論卦。31 火天大有卦

中華民國 110 年 11 月出版發行

著作：林永昌

出版者：林永昌

版權聯絡人：林芝伶

信箱：wenwenyaya520@gmail.com

印刷廠：海王星數位輸出影印店

印刷廠地址：高雄市三民區建工路 413 巷 1 號

印刷廠電話：07-3980591

定　價：新台幣 500 元整